사회사의 유혹 I
나를 사로잡은 역사가들

사회사의 유혹 I

이영석 지음

나를
사로잡은
역사가들

푸른역사

책머리에

　네 번째 역사서를 세상에 내놓는다. 이전의 책들이 모두 19세기 영국 사회사를 실증적으로 탐구한 것들인 데 비해, 이번에 펴낸 책은 그동안 관심을 두었던 역사가들의 저술을 읽고 쓴 인상기나 또는 역사학에 관한 단상을 정리한 것이다. 그러니까 일종의 사론집이라고 할 수 있다. 원래는 역사가를 다룬 글과 역사학에 관한 사론을 한데 묶어 내려고 했지만, 출판사 편집진의 권유에 따라 두 권으로 나누어 펴낸다. 사실 이 같은 글 모음집을 출간하리라고는 예상하지 못했다.

　오랫동안 나는 19세기 영국 경제와 사회를 화두로 삼아 공부를 계속해 왔다. 때로는 그 전후 세기를 넘나들기도 했고, 생활사나 문화사와 같은 인접분야에 관심을 기울이기도 했다. 그럼에도 경제와 사회라는 말은 머릿속을 떠나지 않은 연구의 길잡이였다. 이러한 학문 이력을 고려하면 이 책이 내게는 별로 어울리지 않는다. 따라서 얼마간이라도 이 책을 펴낸 연유를 밝혀야 할 것 같다.

연구자라면 한번쯤 겪는 일이겠지만, 특정한 분야에서 오랫동안 연구에 몰두하다가 어느 날 문득 저 자신의 작업을 되돌아볼 때가 있다. '내가 지금 하고 있는 일이 도대체 어떤 의미가 있는가.' 이는 연구자 자신의 정체성에 대한 질문이라고 할 수 있다. 19세기 영국 사회만 뒤좇던 내가 사회사 또는 역사 연구 일반의 학문적 프로토콜을 다시 생각하게 된 것은 1997년 무렵이 아닐까 싶다. 그 이전까지만 해도 나는 역사이론이나 역사가에 관한 글을 쓴 적이 별로 없다. 역사 인식 또는 역사학의 정체성을 다루는 문제는 자신과 관련이 없을 뿐만 아니라 다른 분야 연구자들의 몫이라고 생각해 왔다.

그 무렵 나는 19세기 영국 노동사를 정리하다가 역사가들 사이에 벌어진 포스트모더니즘 논쟁을 접하게 되었다. 처음에는 당혹스러웠고 이해하기도 어려웠지만, 점차로 그 논쟁의 배후에 깃든 문제의식을 느낄 수 있었다. 그것은 근대 역사학이 위기에 직면해 있으며 그 위기를 벗어나기 위해서는 역사가들 스스로 새로운 방법을 모색하고 새로운 전망을 추구하지 않으면 안 된다는 메시지였다. 그 이후 이 분야에 관련된 국내외 연구자들의 글을 읽으면서, 그동안 전념해 온 역사 연구가 과연 무엇을 의미하는지, 그리고 역사학의 정체성이 무엇인지를 심각하게 고민하기 시작했다. 이 과정에서 역사학이나 또는 역사가를 다룬 몇 편의 글들을 발표하기도 했다.

2005년 겨울에 그동안 발표한 글들을 모으고 다시 정리하면서 나는 여전히 이 작업이 결코 나 자신의 본령은 아니라는 강박증에 시달렸다. 나는 지금도 역사가는 그 자신의 방식으로 과거를 재현하는 데 전념해야 한다는 고정관념을 가지고 있다. 그렇기는 하지만 지난 몇 년 사이에 발표한 이 글들이 오히려 앞으로 내 연구의 바람직한 방향을 설정하는 데 도움을 주었으면 좋겠다.

이 책에 수록된 글들은 지난 몇 년 동안 관심을 가졌던 역사가들에 대한 일종의 인상기이다. 그 중에는 한 역사가의 여러 저술을 피상적으로 훑어본 것도 있고 또는 특정한 저술을 좀더 깊이 음미하면서 정독한 독후감도 있다. 사람들은 대체로 역사가들이 박식하다고 생각한다. 많은 책을 읽었으리라고 넘겨짚기 때문이다. 그러나 내 경험에 미루어보면 꼭 그러한 것만은 아닌데, 젊은 시절을 제외하고는 책 읽는 시간을 충분히 갖기 어렵기 때문이다. 물론 논문 자료를 모으기 위해 연구서나 저술들을 검토하는 것도 책읽기에 해당한다. 그러나 그것은 진정한 독서라고 말하기 어렵다. 말 그대로 연구의 일환일 따름이다. 적어도 순수한 독서라면, 책 읽는 그 순간에는 다른 강박증이 없어야 하고, 아무런 부담이 없이 그 책의 내용과 논리에 빠져들어 저자와 대화를 나누거나 그의 주장을 다시 음미하는 기회를 가져야 하지 않겠는가.

여기에서 다룬 역사가들의 책은 처음부터 논문을 위한 자료로 읽은 것이 아니다. 이러저러한 이유로 흥미를 느껴 손에 잡은 경우가 대부분이다. 다섯 역사가의 면면들은 사회사가로 분류될 수 있다는 것 외에는 뚜렷한 공통점을 찾기 어렵다. 굳이 관심을 둔 이유를 찾는다면 이들의 저술이 다 같이 독자들의 호응을 얻었다는 것, 그러니까 전문 역사가의 저술로는 보기 드물게 식자층의 관심을 끌었다는 점을 들 수 있다.

사실 호스킨스의 풍경의 역사, 스톤의 가족과 결혼의 역사, 젤딘의 감성의 역사, 포터의 런던의 역사 등은 전통적인 역사 서술에서는 친숙한 테마가 아니다. 홉스봄의 책도 20세기를 전체적으로 조망한다는 점에서 아직은 실험적인 시도라고 할 수 있다. 이들 역사가에 대한 호기심은 아마도 역사 서술의 대중화를 중시하는 근래의 분위기와 관련이 있을 듯싶다. 실제로 나는 지난 몇 년간 이들의 책을 가까이 접하면서 글자 그대로 독서의 즐거움을 느낄 수 있었다.

그러나 이런 즐거움이 때로는 글쓰기에 치명적일 수도 있다. 이들 저서의 경우 처음부터 비판적인 책읽기가 쉽지 않았다. 따라서 이들의 저술에 나타난 시각과 견해를 비판적으로 바라보기보다는 애정을 가지고 그것들을 좀더 분명하게 재정리하여 드러내려고 했다. 여기에 수록된 글 모두는 분석적인 것이 아니라, 내가 읽은 책들의 내용을 묘사하는 데 주안점을 두었다. 내 나름대로 깊은 성찰을 할 수 없었던 것은 이들의 책에서 다루는 분야가 대부분 생소한 탓도 있겠지만, 한 편으로는 관련된 서평이나 다른 자료들을 참조하기가 싫었기 때문이다. 나는 그저 책 자체에 빠져들어 스스로 정리하고 느낀 인상만을 담담하게 기술하는 데 힘을 쏟았다.

이 책을 내기까지 여러 분들의 도움을 받았다. 김덕호, 김기봉, 설혜심 선생은 이전에도 그랬듯이, 초고를 읽은 후에 세심한 부분까지 조언을 아끼지 않았다. 각 장에 들어갈 사진 자료를 정리하는 데에는 이승일군의 도움이 컸다. 무엇보다도 미흡한 원고를 보기 좋은 책자로 출간해 주신 도서출판 푸른역사에 감사의 인사를 드린다.

2006년 9월
광주 진월동에서
이영석

William George Hoskins

윌리엄 호스킨스(1908~1992)

영국 데번 주 엑서터 출생. 옥스퍼드 대학 졸업 후 1931년부터 레스터 대학에서 상업사를 강의했다. 무역통계가 무의미한 작업이라는 것을 절감한 그는 고고학 및 지방사에 관심을 기울였다. 역사인구학, 도시사, 농업사, 지방건축사, 지방사 등 다방면에 걸쳐 연구를 계속했다. 1952년 옥스퍼드대학에서 경제사 교수로 초빙, 1965년까지 재직했으며 그후 레스터 대학으로 돌아와 지방사 교수를 담당하다가 1968년에 은퇴했다. 레스터 대학의 영국 지방사 연구소Centre for English Local History 초대소장을 역임했으며 1969년에 영국 학술원 회원이 되었다. 호스킨스는 옥스퍼드 대학 재직 중에도 엑서터 시민운동에 참여했고 1960년에는 '엑서터 그룹'을 발족시켰다. 이 모임이 후일 엑서터 시민협회Exeter Civic Society의 모태가 된다. 한편 1962년부터 1975년까지 다트무어 보존협회 회장을 지냈다.

주요 저서로는 《잉글랜드 풍경의 형성*The Making of the English Landscape*》(1955) 외에, 《미들랜드 농민*The Midland Peasant*》(1957), 《영국 지방사*Local History in England*》(1959), 《데번과 그 주민들*Devon and its People*》(1959) 등이 있다. 특히 《잉글랜드 풍경의 형성》은 1976년 BBC 텔레비전 시리즈로 방영되어 환경운동가들의 각별한 관심을 끌었다. 2004년 데번 역사협회는 호스킨스의 출생지에 다음과 같은 명문銘文을 새긴 명판을 붙였다. "데번 주, 엑서터 그리고 잉글랜드 풍경을 연구한 역사가 호스킨스 박사, 이곳에서 태어나다. '여기에 사랑이, 이곳에 조국이 있다Hic amor, haec patria est'."

Lawrence Stone

로렌스 스톤(1919~1999)

영국 런던 남부 서리 주 엡섬Epsom 출생. 명문 사립학교인 차터하우스를 거쳐 소르본느 대학에서 1년간 수학한 후 옥스퍼드 대학에 입학했다. 2차 세계대전이 발발하자 재학 중 왕립해군에 자원입대해 장교로 복무했으며 종전 후에 복학해 대학을 졸업했다. 그는 1947년부터 1963년까지 옥스퍼드 대학 교수를 지냈으며, 그후 미국 프린스틴 대학으로 옮겨 사학과 교수 겸 데이비스 역사연구소 소장을 역임, 1990년 은퇴했다.

주요 저서로는 《귀족의 위기The Crisis of the Aristocracy, 1558~1641》(1965), 《가족, 성, 결혼The Family, Sex and Marriage in England, 1500~1800》(1977), 《열린 엘리트?An Open Elite? England, 1540~1880》(1984), 《이혼행로Road to Divorce: England, 1530~1987》(1990) 등이 있다.

Theodore Zeldin

시어도어 젤딘(1933~)

팔레스타인 출생. 부모는 러시아계 유대인으로 볼셰비키 혁명 후 팔레스타인으로 이주했다. 2차 세계대전기에는 알렉산드리아에서 성장했다. 열네 살에 런던 대학 버크벡 칼리지에 입학해 고전과 철학을 공부한 다음에, 다시 옥스퍼드 대학 크라이스트 처치 칼리지에서 역사를 전공했다. 오랫동안 세인트 앤선 칼리지 프랑스사 교수를 지냈다.

주요 저서로는 《프랑스인의 정감의 역사History of French Passions》 전5권(1979), 《프랑스인들The French》(1983), 《행복Happiness》(1988), 《인간의 내밀한 역사An Intimate History of Humanity》(1994), 《대화Conversation》(2000) 등이 있다.

Roy Porter

로이 포터(1946~2002)

영국 런던 출생. 캠버웰 소재 윌슨즈 스쿨을 거쳐 케임브리지 대학 크라이스트 칼리지를 졸업했다. 존 플럼 밑에서 사이먼 샤머, 린다 콜리, 존 브루어 등과 함께 역사를 공부했으며 지질학의 역사를 주제로 1974년 박사논문을 제출했다. 1972년부터 처칠 칼리지 학감으로 학생들을 지도했으며, 1979년 웰컴 의학사연구소로 자리를 옮겨 연구활동에 진력했다. 이 연구소가 런던 대학 유니버시티 칼리지UCL 소속으로 바뀐 뒤에는 같은 대학의 흠정교수로 임명되었다.

또한 포터는 전문역사가로서 뿐만 아니라 주요 신문 칼럼니스트, 서평 집필, 텔레비전 사회자로서 널리 알려졌다. 누구보다도 역사 지식의 대중화에 관심을 기울였다.

포터의 저서, 공저, 편저 등은 이루 헤아릴 수 없이 많다. 주요 저서로는 《지질학의 형성*The Making of Geology*》(1977), 《광기의 사회사*A Social History of Madness*》(1987), 《에드워드 기번*Edward Gibbon: Making History*》(1988), 《런던의 사회사*London: A Social History*》(1994), 《계몽운동: 브리튼과 근대세계의 창조*Enlightenment: Britain and the Creation of the Modern World*》(2000) 등을 꼽을 수 있다.

Eric John Blair Hobsbawm

에릭 홉스봄(1917~)

이집트 알렉산드리아 출생. 독일계 유대인인 부모를 따라 유년 시절을 베를린과 비엔나에서 보냈다. 열네 살 때 연이어 부모를 잃고 숙모의 도움으로 생활했다. 1933년 누이동생 낸시와 함께 런던으로 이주했다. 세인트 메릴번St. Marybourne 그래머 스쿨을 거쳐 케임브리지 대학 킹스 칼리지에서 수학했다. 2차 세계대전기에는 왕립 육군의 정훈부대에서 근무했으며 후일 케임브리지 스파이 사건에 연루된 것으로 알려졌다. 그는 전후에 케임브리지를 떠나 런던 정경대학LSE에서 박사학위를 받았고, 1947~1982년 시기에 런던 대학 버크백 칼리지에서 학생들을 가르쳤다. 1978년 영국 학술원 회원으로 선출되었고, 은퇴 후에는 매년 수개월씩 뉴욕 신사회연구소New School for Social Research 초빙교수를 지냈다.

그는 일찍이 노동사 연구의 새로운 지평을 열었고, 장기 19세기 유럽의 역사를 전체사적 시각에서 재구성한 3부작으로 명성을 얻었다. 헝가리 사태 이후에도 오랫동안 영국 공산당 당적을 지닌 좌파 역사가로 알려졌지만, 실증적 연구나 전체사 서술에서 유연한 역사 인식을 보여준다. 그의 관심영역은 기존의 유럽사의 경계를 넘어 라틴아메리카 역사나 재즈 비평에 이르기까지 다양한 분야에 걸쳐 있다.

주요 저서로는 유명한 3부작 《혁명의 시대The Age of Revolution》(1962), 《자본의 시대The Age of Capital》(1975), 《제국의 시대The Age of Empire》(1987) 외에, 《원초적 반란Primitive Rebels》(1959), 《노동인Labouring Men》(1964), 《산업과 제국 Industry and Empire》(1968), 《캡틴 스윙Captzin Swing》(1968), 《노동자들: 노동의 세계Workers: Worlds of Labour》(1985), 《극단의 시대The Age of Extreme》(1994), 《역사론On History》(1997) 등이 있다.

차례

로이 포터, 다산성의 미학

에릭 홉스봄, 20세기를 돌아보다

"

《잉글랜드 풍경의 형성》은 농촌 풍경에 남아 있는
'역사적 지층'의 의미와 비밀을 해독하려는 시도이다.
호스킨스는 이를 위해 정주지, 버려진 경지, 인클로저, 둑,
울타리, 마을 등이 남긴 흔적을 추적한다.

"

윌리엄 호스킨스, 풍경의 역사

자연풍경에서 역사적 풍경으로

역사는 인간의 삶에 관한 서술이다. 사람들은 시간과 공간이 서로 만나는 접점에서 생활한다. 이 둘은 삶의 씨줄과 날줄이다. 역사학이 과거 사람들의 삶을 연구대상으로 삼는 한, 그 날줄에 해당하는 삶의 공간 또한 중요한 주제가 되어야 한다. 그러나 유감스럽게도 역사가들은 이런 측면에 별로 관심을 기울이지 않았다. 역사 서술에서 공간 개념은 대부분 잊혀지거나 분리되었다. 일부 역사가들이 그 중요성을

간헐적으로 표명한 적이 있지만, 구체적 연구에서 삶의 공간을 시간 속에 끌어들여 과거를 이해하려는 시도는 눈에 띄지 않는다.

　윌리엄 호스킨스William G. Hoskins의 《잉글랜드 풍경의 형성*The Making of the English Landscape*》(1955)[1]은 영국 사학계에서 역사지리학 연구의 새로운 지평을 연 고전으로 평가받는다. 호스킨스는 우리의 눈앞에 펼쳐진 인공물은 물론, 자연 풍경까지도 사람과 밀접한 관계를 맺으며 역사 속에서 형성되었다는 전제 아래 잉글랜드의 산지와 구릉, 평야와 경포, 촌락과 도시 등 거의 대부분의 풍경을 추적한다. 이 책 개요는 1976~78년에 BBC 방송을 통해 방영됨으로써 식자층의 관심을 끌었다.

　1908년 엑서터Exeter에서 태어난 호스킨스는 어렸을 때부터 이미 엑서터와 데번 주의 지방사에 관심을 가졌다고 한다. 옥스퍼드 대학을 졸업한 후에 그는 레스터Leicester 대학에서 역사를 가르쳤고, 1948년부터 잉글랜드 지방사 담당교수로 강의와 연구에 전념했다. 1951년 그는 옥스퍼드 대학에서 경제사 교수로 초빙받아 1965년까지 재직했다. 그후 다시 레스터 대학으로 돌아와 지방사 강의를 담당하다 3

년 후에 은퇴했다.

호스킨스는 지방사 관련 학회와 환경보호 단체에서 중요한 역할을 맡기도 했다. 오랫동안 레스터셔 고고학 및 역사학회Leicestershire Archaeological and Historical Society에서 활동하였고, 다트무어 보존협회Dartmoor Preservation Society 의장을 맡기도 했다. 그는 지방사 분야의 중요한 저술을 남겼는데, 《17세기의 엑서터》, 《데번 주와 그 사람들》, 《미들랜즈의 농민》이 널리 알려져 있다.[2] 사실 《잉글랜드 풍경의 형성》은 그의 지방사 연구성과를 토대로 이루어진 것이다.

호스킨스는 후대의 역사가들에게도 영향을 미쳤다. 오늘날 영국에서 지방사 연구가 분과학문으로서 정체성을 확립한 것도, 그리고 레스터 대학 영국지방사연구소Centre for English Local History를 중심으로 이른바 레스터 학파가 성립된 것도 기실 그의 영향 아래 이루어졌다. 특히 레스터 학파는 귀족가문 위주의 전통적 지방사 연구를 비판하고 지방에서 살아온 일반 서민의 삶을 재조명하려는 시도를 보여주는데, 이러한 경향이야말로 호스킨스가 일생동안 견지해 온 태도였다.

《잉글랜드 풍경의 형성》은 농촌 풍경에 남아 있는 '역사적 지층' 의 의미와 비밀을 해독하려는 시도이다. 호스킨스는 이를 위해 정주지, 버려진 경지, 인클로저, 둑, 울타리, 마을 등이 남긴 흔적을 추적한다. 우리 앞에 펼쳐진 그 풍경에는 실제로는 역사의 시간이 녹아 있다. 여기에서 주목할 것은 하나의 풍경이 역사적 시간을 중층적으로 담고 있다는 사실이다. 예컨대 호스킨스는 현재의 촌락과 또 발굴된 촌락터를 답사하면서 옛 켈트인들의 정주와 앵글로색슨들의 이동과 중세 농민의 생활과 그리고 상승하는 부농들의 새로운 모습을 그림처럼

되살린다. 말하자면, 낯익은 풍경에 대한 해독을 넘어 역사 속의 사람들의 삶과 생활을 재현하고 있는 것이다.

정주의 잔흔, 개간과 촌락

중세 초기까지 브리튼 섬은 유입의 땅이었다. 아득한 선사시대에 켈트인이 건너와 정착하기 시작한 이래, 벨가이Belgae인, 로마인, 앵글로색슨인, 데인Dane인, 노르만인에 이르기까지 여러 종족이 간헐적으로 떼를 지어 몰려들었다. 이들이 섬으로 들어온 주된 통로는 동쪽에서 남쪽으로 이어진 해안이었다. 이주민들이 바라본 브리튼 섬은 끝없는 구릉과 울창한 숲들이 곳곳에 자리 잡은 한적한 풍경을 이루고 있었을 것이다. 이들은 최초의 정주지에서 다른 곳으로 이동하면서 원래의 풍경에 자신들의 흔적을 남겨놓았다. 우리는 지금의 풍경에서 최초의 이주민이 동남부 해안에 상륙했을 때 그들의 눈앞에 펼쳐졌음직한 경관을 상상할 수 없다. 그럼에도 호스킨스는 그 최초의 풍경을 눈앞에 그려보라고 권유한다.

어느 겨울 저녁에 희미한 불빛처럼 물결이 드넓게 밀려오는 강어귀에 앉아 그 경관과 관계없는 세세한 온갖 인간사人間事를 잊어버리고, 오직 빛나는 겨울과 하늘과 어두운 언덕, 그리고 진창 위에서 구슬피 울다가 강변으로 사라지는 먼 옛날의 까마귀 소리를 뒤에 남기면서, 우리는 얼마나 자주 잉글랜드의 다양한 지방에서 이 이미지들을 구성하려고 노력해 왔는가. 이것이야말로 정확하게도 백여 세대 이전에 조약돌 깔린 그 강변에 도

달한 최초의 사람들이 보았던 바로 그 정경임을 느낀다(p. 17).

  조약돌 깔린 해변이나 낮은 구릉에서 시간을 초월한 풍경을 연상할
수는 있을 것이다. 그렇더라도 눈앞에 펼쳐진 그 풍경에는 시간이 녹
아 있다. 태초의 이주자들이 보았을 그런 풍경은 더 이상 눈앞에 펼쳐
지지 않는다. 바닷물이 밀려드는 동남부 해안마저 이미 수백 년에 걸
쳐 진행된 간척의 결과물일 뿐이다. 그렇기에 태초의 풍경을 연상하라
는 호스킨스의 권유는, 역설적으로 잉글랜드 어디서나 볼 수 있는 풍
경이 자연 그대로가 아니라 대부분 역사 속에서 형성되었음을 일깨우
려는 의도처럼 보인다.

  브리튼 섬에 주둔하던 로마군이 철수한 지 수 세기가 지난 후에 켈
트인의 정착지가 다시 확대되면서 동시에 새로운 이주민이 들어왔다.
북독일과 유틀란트Jutland 반도의 게르만 족이 대거 몰려온 것이다.
앵글인, 색슨인, 주트인으로 불리기도 하는 이 새로운 이주민들은 켈
트인 촌락이 형성되지 않은 지역을 중심으로 브리튼 섬 남부와 중부
곳곳으로 퍼져나갔다. 사실 로마군이 섬에 주둔하던 수 세기동안 잉
글랜드 남부와 미들랜즈 곳곳에 산재하던 켈트인의 촌락과 정주지는
폐허로 변한 채 자연 속에 그대로 묻혀 있었다. 로마군에 의해 스노도
니어Snowdonia 산록지대나 또는 북부의 황무지 너머로 쫓겨났기 때
문이다. 로마군의 주둔 흔적을 알려주는 대표적인 사례는 '체스터
chester'로 끝나는 지명들이다.[3] 지도를 보면 이 지명은 미들랜즈 거의
전 지역에서 발견할 수 있다.

  기원후 6세기 이래 간헐적으로 또는 대규모로 들어온 앵글로색슨계

이주민들은 잉글랜드 거의 전 지역에 그들의 촌락을 건설했다. 현존하는 촌락과 도시 가운데 앵글로색슨인 이주 전부터 존속했던 경우는 아주 드문 편이었다. 호스킨스는 지명들에서 앵글로색슨인 정주의 흔적을 찾는다. 그는 특히 '턴ton'과 '엄ham'으로 끝나는 꼬리말에 주목한다. 일반적으로 앞의 것은 색슨인, 그리고 뒤의 것은 앵글인의 정주지와 관련된 것으로 알려져 있다. 잉글랜드 지도에서 이들 어미를 지닌 지명의 분포를 살펴보면 지역적으로 상당부분 겹치면서도 '턴'은 주로 잉글랜드 동남부와 서부에, 그리고 '엄'은 미들랜즈에 더 밀집되어 나타난다. 이 지명 중에서도 호스킨스는 '잉ing'이 앞에 첨가된 것들에 관심을 갖는다. 이들은 모두 한두 사람 또는 한두 가구가 아니라 집단적으로 정주가 이루어졌음을 나타내기 때문이다. 여기에서 '잉'은 사람들을 뜻한다. 예를 들어 달링턴Darlington이나 버밍엄Birmingham과 같은 지명은 특정한 지도자와 그를 따르는 집단이 개척한 마을이라는 뜻에서 유래한다는 것이다(p. 64). 사실 잉글랜드 남부와 중부의 광범한 지역을 가리키는 말 자체가 이들의 정주와 관련된다. 잉글랜드는 앵글인의 땅Angle's land을 뜻하고 서식스Sussex, 에식스Essex 등 동남부 지역의 이름은 색슨인의 정착지역을 말해 주기도 한다.

앵글로색슨인의 유입에 뒤이어 8세기 이후에는 덴마크에서 건너온 데인인의 정착이 활발하게 이루어졌다. 잉글랜드 동해안이나 미들랜즈 내륙에는 다비Derby나 그로스비Grosby처럼 '비by'라는 어미가 붙은 촌락과 도시의 이름이 자주 눈에 띈다. 여기에서 이 어미는 데인인의 정주를 나타낸다. 특히 북해로 흐르는 우즈Ouse 강과 험버Humber

강 사이의 해안지대는 이들 바이킹의 정착 활동이 두드러진 지역이었다. 호스킨스는 이 두 강 사이의 해안지대, 특히 워시Wash만의 현재 해안선이 오랫동안 데인인들의 간척활동을 통해 확대되었다는 점을 강조한다.

9, 10세기에 이 지역에 조성된 데인인들의 촌락은 이른바 '헌드레드hundred'라는 행정단위로 구분되었는데, 이것은 해안과 습지대의 간척을 위해 인위적으로 구획한 단위였다. 각 헌드레드는 특정한 둑과 도랑을 보수할 의무를 함께 가지고 있었다. 사람들은 습지대에 둑을 쌓으면서 해변 멀리까지 진출했다. 소금기를 머금은 습지대에 둑을 쌓고, 몇 차례 계절이 바뀌면 그곳은 점차 비옥한 농지로 변모할 것이었다. 호스킨스에 따르면, 오늘날 우리가 보는 잉글랜드 동부 해변의 풍경은 자연 그대로가 아니라 오랜 세월에 걸쳐 사람들이 다시 쌓은 제방과 둑과 도랑이 만들어낸 인위적인 것이다.

습지대와 소택지를 간척하면서 수백 평방 마일의 새로운 땅이 농경지가 되었고, 이에 따라 버드나무 가지처럼 보이는 수로망, 수천 마리 양들이 노니는 풍요로운 초원, 여기저기 흩어져 있는 농가와 같은 이 특이한 풍경이 만들어진 것이다. 우리는 지도상에 나타나는 불규칙한 패턴들, 즉 구불구불한 수로, 이따금 갑자기 나타나는 제방의 만곡, 그 제방 위에 나 있는 도로, 이곳저곳에 흩어져 자리 잡은 정주지들을 볼 수 있는데, 이 모든 것은 직선으로 곧장 뻗은 후대의 배수로나 이따금 보이는 외딴 농가들 사이의 광활한 빈 공간과 아주 대조적이다(p. 100).

처음 집단적으로 이주하기 시작했을 때, 앵글로색슨인들은 주로 숲과 투쟁하며 정착지를 마련해야 했다. 그들이 마주친 것은 떡갈나무, 물푸레나무, 너도밤나무, 느릅나무 같은 활엽수들이 빽빽이 들어선 울창한 숲이었다. "높은 곳에서 바라보면 15세기 이전의 잉글랜드는 하나의 광대한 숲, 여기저기서 간혹 가느다란 푸른 연기가 나선형으로 피어오를 뿐 끊어진 곳이라고는 거의 없는 숲의 바다처럼 보였을 것이다"(p. 86). 숲과의 전쟁은 험난한 것이었다. 관목과 덤불은 도끼나 곡괭이 또는 낫으로 없앨 수 있었지만, 더 커다란 나무들은 이 원시적인 도구만으로 해결할 수 없었다. 손쉬운 개간방식은 숲에 불을 지르는 것이었다. 호스킨스는 화전의 의미를 가진 여러 지명들을 추적한다. 예를 들어 '스위트Swit'나 '브렌트Brent'라는 접두어를 가진 지명은 대부분 화전으로 이루어진 촌락에서 유래된 것이다. 레스터셔에 자리 잡은 '스위스랜드Swithland'라는 마을의 이름은 '불질러 개간한 땅'이라는 뜻이다. 잉글랜드 북부 여러 주에서 찾아볼 수 있는 스위든 Sweden이라는 지명도 동일한 의미이다. 또 브렌트우드Brentwood는 '불탄 숲'을, 브린들리Brindley는 글자 그대로 '화전'을 뜻한다(p. 57). 또 숲wood이라는 단어가 들어간 지명이 지도상에 무수하게 나타나는 것도 중세 초기 앵글로색슨인들의 정주방식을 어렴풋이 보여준다.

호스킨스는 숲을 없애고 들어선 앵글로색슨인의 촌락 모델을 제시한다. 이것은 지형에 대한 세밀한 탐사와 고고학적 발굴 결과를 토대로 유추한 것이다. 숲을 제거한 후에 사람들은 정방형의 널따란 초지를 조성하고 그 가운데에 방책을 세웠다. 오늘날 동아프리카의 원주민 촌락이 그렇듯이, 이것은 '방어를 목적으로 하는 울타리'인 셈이다. 이주민들의 오두막집은 이 원형 울타리 가장자리에 들어서 있다. 공동지와 경지는 한 가운데 조성되었다. 그러니까 중세 촌락이 집촌 주위에 경지와 공동지를 조성했던 것과 다른 양상을 나타낸다. 집들 사이의 좁은 빈터에도 가시나무 울타리가 세워졌고 집주인은 이를 수선할 의무를 지녔다. 늑대의 위협 때문에 밤이 되면 가축을 원형 울타리 안에 몰아넣었다. 이 고대 모델은 교회와 공동우물과 그리고 주위의 곳곳에서 중앙의 공동지로 뻗은 샛길과 마찻길의 흔적으로 우리의 상상력을 자극한다. 물론 초지의 원형 울타리 입구나 마을 안쪽 공유지로 들어가는 입구를 정비하고 수선하는 의무는 육식동물의 소멸과 함께 사라졌다(p. 62).

호스킨스는 지명 외에도 개방경포를 통해 이주민들의 촌락 흔적을 찾는다. 사실 고고학적 발굴 결과나 오늘날 남아 있는 어렴풋한 흔적만으로 앵글로색슨인의 촌락과 이전 켈트인의 촌락을 구별하기는 쉽지 않다. 그러나 앵글로색슨인들이 도입한 경작방식, 즉 개방경포제는 이전에 볼 수 없었던 새로운 관행이었다. 이랑과 고랑으로 이어지는 이 경포 패턴은 앵글로색슨인들의 경작관행과 관련된 것이다. "특수한 형태의 쟁기로 길고 좁은 지조를 수직으로 파헤치면, 지조의 한 가운데로 흙을 모아 높은 마루를 쌓게 마련이었다"(p. 48). 초기의 이주민들은 마을 가운데 경지를 조성하면서 계속 이어진 이랑과 고랑의 흔적을 남겼다. 경포와 공동지가 촌락의 농가들 바깥으로 확대된 이후에도 이랑과 고랑으로 끝없이 이어지는 이같은 경포 형태는 바뀌지 않았으며, 이는 후일 농노제의 촌락 질서를 규정하는 중요한 요인으로 작용했다.

울타리와 문명

오늘날 영국의 전원 풍경에서 특히 사람들의 눈길을 끄는 것은 다양한 형태의 울타리들이다. 단독주택이나 연립주택에도 정원을 구획하는 낮은 높이의 울타리가 세워져 있고, 교외에 나가면 광활한 경지와 구릉 너머로 나무나 방책으로 만든 울타리들이 시선을 끈다. 이러한 풍경은 주로 인클로저를 연상시킨다. 그러나 땅을 구획하고 경계를 가르는 울타리는 앵글로색슨인의 정착 초기부터 친숙한 관행이었다. 단순히 농가나 마을의 경계를 가르고 경지를 표시하는 정도가 아니라 그보다 더 넓은 지역을 구획하는 울타리와 방책의 기원을 찾아올라가면 아마 왕실 수렵지에까지 이를 것이다. 원래 '파크park'라는 말은 처음에는 왕실 수렵지를 가리켰다. 이것은 수렵금지법foreast law이 적용되는 지역을 가리켰다. 왕실 수렵지에 울타리를 치기 시작한 것은 11세기 이후의 일이다. 헨리 2세(1154~89) 때에는 전체 삼림의 3분 1이 울타리 친 수렵지였다. 봉건 영주도 이를 뒤따라 울타리를 세우기 시작했다. 오늘날 현존하는 것 가운데 옥스퍼드셔의 우드스턱Woodstock이 가장 전형적이다. 이 지명은 글자 그대로 숲에 울타리를 둘러친 지역을 의미했을 것이다.

중세의 대규모 방책은 이와 같이 숲을 제거하기 위한 것이 아니라 수렵지를 보호하기 위해 세워졌다. 잉글랜드 곳곳에서 사람들이 가경지를 개간하기 위해 숲과 투쟁을 벌였음에도 16세기 초까지만 하더라도 400만 에이커 이상의 울창한 숲이 잉글랜드에 산재해 있었다. 에핑Epping, 아든Arden, 셔우드Sherwood, 딘치우드Dintchwood 등지의 삼림과 그 주변의 수십여 군데 숲은 살아 있는 현실이었다. 미들랜즈의 경우 다른 지역에 비해 숲이 차지하는 비율이 더 낮았지만, 어쨌든 잉글랜드 전역에 작은 숲들이 우거져 있었다. 호스킨스가 보기에 숲은 오늘날의 잉글랜드가 잃어버린, 그리고 도저히 복원할 수 없는 과거의 현실이 되었다. 그는 잃어버린 숲에 대한 향수를 이렇게 표현한다.

> 일부 어린이들은 울창한 숲지대나 황량하고 광활한 관목지대 멀리까지 손쉽게 걸어다니며 생활했다. 그곳에서 아이들은 마음껏 동물적 에너지를 발산할 수 있었는데, 오늘날 20세기에 이렇게 발산하면 불결하고 삭막한 도시에 사는 어린이들 다수가 아마 청소년 법정으로 끌려갔을 것이다. 물고기며 사냥감을 쫓는 밀렵꾼의 행동반경은 넓었다. 모든 사람이 신선한 공기를 마시고 넓은 활동 공간을 가졌다. 원할 경우 고요함을 즐길 수 있었다. 공장의 매연도 없었고, 도로에서 말보다 더 빨리 달리는 것도, 공중에서 끊임없이 들리는 굉음도 없었다(p. 139).

영국인의 삶의 공간에서 울타리가 좀더 뚜렷한 의미를 갖게 된 것은 대규모 경지를 대대적으로 종획하기 시작하면서부터였다. 인클로저 운동은 영국 근대사 또는 농업사에서 빼놓을 수 없는 중요한 주제이다. 일반적으로 튜더 시대의 인클로저는 목양지를 확대하기 위한 것으로서 새로운 국제무역의 발전과 밀접하게 관련된다. 16세기 후반 플랑드르Flandre 및 영국의 이스트 앵글리어East Anglia 지방에서 모직물공업이 번창하여 양모 수요가 증가하자, 일부 지주들이 앞다투어 농지를 목양장으로 바꾸고자 했던 것이다. 그들은 소작농민의 토지를

회수하고 지조를 집중해 울타리를 친 다음에 그곳을 목초지로 만들었다. 농사를 짓는 데에는 일손이 많이 필요했으나, 목양의 경우에는 상대적으로 일꾼 수요마저 적었다. 이에 따라 농민과 그의 가족은 농토에서 내몰려 식량과 일거리를 찾아서 마을을 떠날 수 밖에 없었다. 튜더 시대의 울타리치기는 잉글랜드 전 지역보다는 주로 동남부에 집중되었다고 알려져 있다. 그러나 미들랜즈에도 곳곳에서 목양 인클로저가 전개되었다는 증거가 있다. 18세기 초에 디포Daniel Defoe는 에일즈베리Aylesbury 계곡에 단 하나의 단위로 인클로저된 목초지가 연 1,400파운드의 지대를 받고 목양업자에게 임대되는 것을 목격했다.[4]

16세기에 조성된 광활한 목초지는 물결모양으로 거의 지평선까지 맞닿아 있었다. 이는 목축에 별다른 경험이 없던 지주와 부농이 대규모로 소와 양을 기르는 최초의 열광적 실험인 셈이었다. 호스킨스는 튜더–스튜어트 시대 이래 미들랜즈 여러 지역에서 목양을 위한 종획지에 계속해서 새로운 울타리를 세우게 된 까닭을 이렇게 설명한다. 미들랜즈 고지대에서 대단위로 목양장을 운영할 경우 여러 폐해가 불거졌다. 특히 고지대에서는 겨울철에 소들을 가둘 우리가 부족했고, 광활하게 펼쳐진 목양지에 모두 초지를 조성하는 것은 불가능한 일이었다. 시간이 흐르면서 사람들은 원래의 울타리망 내부에 새로운 방책을 세워, 좀더 작은 단위의 목양장을 조성하게 되었다는 것이다(p. 152).

그러나 영국 근대사에서 울타리치기가 많은 사람들의 삶에 결정적 영향을 미치게 된 것은 18세기 중엽 이후 집중적으로 나타난 의회 인클로저에 의해서였다. 의회 인클로저는 개방경지(추수기와 파종기 사이에 공동방목지가 되는 농지)를 울타리치기하고 공동지를 사유지로 바꾸는 것과 아울러, 경제적 규모로 지조를 통합해 대규모로 농장을 조성하려는 목적에서 진행되었다. "교구의 공유지, 목장, 목초지 및 공동 황야를 분할·할당하고 울타리치기 위한 법"이라는 인클로저 법의 일반 이름 자체가 이러한 의도를 나타낸다. 이전 시대의 인클로저는 주로 토지와 관련된 당사자들 사이의 협정을 통해 이루어졌지만, 의회 인클로저는 관련 토지가土地價의 75~80퍼센트를 소유한 사람들이 서명한 청원서를 의회에 제출했을 경우 의회가 이에 관한 법을 제정하고 지주가 그 법을 수행하는 방식으로 진행되었다. 인클로저 법이 주로 의회에서 통과된 시기는 대략 1760~1820년간이었다. 한 통계에 따르면 18, 19세기에 인클로저 법에 의해 종획된 경지 680만 에이커 가운데 1793~1815년 사이의 종획지 면적은 290만 에이커로서 약 43퍼센트에 이르렀다.[5]

지금까지 인클로저는 주로 자본주의 발전의 전제조건으로서 임노동의 창출 또는 인간과 토지의 급속한 분리라는 측면에서 관심의 대상이 되어왔다. 마르크스가 시초 축적의 중요한 사례로 인클로저를 언급했다는 것은 널리 알려진 사실이다. 칼 폴라니Karl Polanyi는 새로운 산업 질서를 낳은 '대전환great transformation'의 출발점을 일하는 사람과 그의 생계의 분리에서 찾는다. 이 분리와 더불어 이제 생산과 교환은 더 이상 모든 것을 포함하는 생활방식이 될 수 없었다. 노동과 토지와 화폐는 다 같이 오직 상품으로 여겨지고 또 그렇게 취급될 뿐이었다.[6] 노동력의 자유로운 이동과 이용, 그리고 다른 생산수단과의 자유로운 결합을 가능하게 하는 것이 바로 이러한 새로운 분리disconnection이다. 이 분리가 신체 및 정신의 노동을 당연한 현상으로 만든다. 그럼으로써 사람의 노동은 온갖 만물처럼 취급될 수 있는 사물, 즉 다른 것과 함께 처리하고 옮기며 합치거나 또는 깨뜨릴 수 있는 '사물'이 된다는 것이다.

폴라니가 보기에, 이러한 분리가 일어나지 않는다면 노동은 그것을 포함한 삶의 '전체성'에서 떨어질 수 없다. 예컨대 토지야말로 그와 같은 전체성의 한 사례이다. 토지는 경작하고 수확하는 사람들을 함께 고려할 때에만 존재할 수 있다. 영국에서 벌어진 시초 축적의 파괴적 영향을 고려하면, 후일 새로운 산업적 질서가 영국에서 나타난 것은 조금도 이상한 일이 아니다. 영국은 농민층의 몰락과 함께 토지 · 인간노동 · 부 사이의 '자연스러운' 연결을 깨뜨리는 경향이 이웃 국가들보다 더 두드러졌기 때문이다.

그러나 호스킨스는 인클로저에 따른 자유로운 노동력의 창출보다는, 그것이 삶의 공간에 가져온 새로운 질서 또는 새로운 근대성에 주

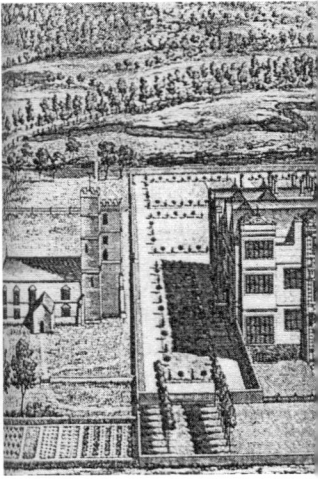

목한다. 그는 의회 인클로저가 얼마나 급속하게 전개되었는가를 되묻지 않는다. 그것은 분명 혁명적 변화였기 때문이다. 18세기 내내 인클로저의 밀도가 아주 높은 주는 노샘턴셔, 러트랜드, 헌팅턴셔, 베드퍼드셔, 케임브리지셔, 옥스퍼드셔 등 미들랜즈의 동부 및 중앙 지역이었다. 그보다 더 서쪽으로 나아가서 워릭셔, 글로스터셔는 집중도가 조금 더 떨어지지만 이들 주에서도 평균 10에이커 당 3에이커 꼴로 인클로저가 진행되었다. 그러니까 의회 인클로저는 미들랜즈의 경우 "요크셔 해안의 플램버러 곶Flamborough Head에서 미들랜즈를 내려가다가 멀리 도셋 주 해안까지, 그리고 북동쪽으로 석회암 고지대를 따라 노포크 주 해안까지" 방대한 지역에 걸쳐 이루어졌다고 해도 과언이 아니다(p. 178). 링컨셔나 노섬벌랜드와 같은 잉글랜드 북부, 웨일스 접경지대, 잉글랜드 남부를 제외한 전 지역에 해당한다.

물론 인클로저 법령의 제정 연대를 감안하면 그것은 오랜 시일에 걸쳐 진행된 점진적 과정이었을지도 모른다.[7] 그러나 인클로저를 겪

은 각 교구와 마을 하나하나, 그리고 그 공간에 살았던 사람들에게 그것은 전혀 새로운 경험이었다. 감독관들은 인클로저 법령에서 규정한 해당 지역과 마을에 파견되어 농촌 풍경을 전반적으로 개조하는 작업을 맡았다. 대다수 지역에서 이 작업은 "좁은 지조, 구불구불한 녹색 이랑이나 마찻길, 갈지 않은 밭두렁과 풀이 무성한 들길"과 같은 개방경포의 그 중세적 풍경을 "바둑판과 같은 근대적 패턴, 즉 산사나무 울타리를 둘러친 작은 사각형 경지와 모든 방향으로 교구를 넓게 가로질러 다소간 곧게 뻗어나간 새 도로 등"으로 바꾸는 혁명적인 과정이었다(p. 179). 더욱이 인클로저 법이 통과된 후 해당 교구에서 불과 수년 사이에 이 모든 변화가 이루어진, 이른바 단기적 계획의 결과였다. 호스킨스는 이렇게 말한다.

> 물론 인클로저 계획서만으로 모든 물리적 변화가 한꺼번에 가능한 것은 아니었다. 그렇지만 풍경은 거의 동시에 순간적으로 변모했다. 소년 시절에 개방경포에서 뛰놀거나 또 공동초지의 양들을 바라보았던 촌락 주민이라면 자기 교구의 완벽하고 빈틈없는 근대적 풍경, 즉 모두 새로 난 도로, 완전히 다 자란 울타리 나무들, 경포 위에 새로 지은 이전에 아무도 본 적이 없는 저택 등이 어우러진 풍경을 그의 생애에 볼 수 있을 것이었다. 모든 것이 달라졌다. 옛 교구의 이정표는 거의 남아 있지 않았다. 아마도 여기저기서 노인은 이전 세계의 증거들, 즉 이제는 버려져서 황량하면서도 새로 조성된 경지 구석에 아직도 서 있는 그의 젊은 시절의 물방앗간이나, 새 초지의 산등성이 밭고랑에 남은 이전 지조의 흔적들을 찾아낼 수 있었을지도 모르지만, 그밖에 다른 것들은 별로 없었을 것이다(p. 179).

미들랜즈의 구릉과 평야지대에 직선들이 풍경을 바꾸었다. 곧게 사방으로 뻗은 도로와 새로 조성된 마을, 그리고 무엇보다도 경지와 목양지를 가르는 직선의 울타리와 방책들이 새로운 삶의 공간으로 자리 잡았다. 오늘날 잉글랜드의 전형적인 모습이라고 할 수 있는 이러한 풍경은 언뜻 보면 옛스럽고 소박한 인상을 풍긴다. 구릉과 광활한 평원 위로 옹기종기 모여 있는 마을 집과 곧게 달리는 좁은 도로, 그리고 정방형의 종획지와 직선으로 이어진 울타리용 나무숲은 근대 문명과 관련이 없어 보인다. 그러나 18세기라는 시점에서 이 새로운 경관은 분명 '근대성'의 한 표지였다.

특히 울타리에 심은 나무들이 잉글랜드 전원 풍경을 이전과는 전혀 다른 새로운 경관으로 바꿔놓았다. 종획지의 경계에 주로 산사나무 hawthorn 울타리를 세우고 양편으로 좁은 도랑을 팠으며, 미들랜즈 동부지역에서는 주로 물푸레나무와 느릅나무를 심었다. 오랜 세월이 지나 이 나무들이 다 자라났을 때에는 끝없는 나무들의 행렬이 펼쳐졌다. 언덕 위에서 보면 그 풍경은 끝없는 숲으로 보인다. 이것이 미들랜즈의 광활한 평원에 드러나는 특징적인 면모이다. 물푸레나무와 느릅나무, 연록색 버드나무 등이 종획지 울타리의 주된 수종이다(p. 198).

유럽 여러 나라 가운데 숲의 면적이 가장 부족한 잉글랜드가 오늘날 목가적 풍경을 보여주는 것은 이 인클로저 때문이다. 잉글랜드에서 숲은 일종의 허구이지만, 그럼에도 아름다운 허구이다. 석탄을 일찍 사용하면서, 그리고 일찍 시작된 인클로저와 함께 잉글랜드의 숲은 급속하게 사라졌다. 숲과 관목 지대로 이루어진 황야를 목양지나

농경지로 바꾸었을 뿐만 아니라, 종획지에 방책을 세우기 위해 기존의 숲을 파괴했기 때문이다. 그러나 방책과 함께 심은 산사나무, 물푸레나무, 느릅나무가 세월과 함께 자라나 기다란 행렬을 이루게 되었다. 문명은 숲을 파괴했으면서도 그와 동시에 허구의 숲을 되살려낸 것이다.[8]

　종획지의 울타리에 관해 호스킨스가 주목하는 또 하나의 현상은 텃새들의 증가이다. 미들랜즈의 무수한 교구에서 의회 인클로저가 진행된 지 한 세대가 지나 울타리용 나무들이 가득 자라났을 때, 이 수천 마일에 이르는 나무들의 행렬 속에 새들이 자리를 잡기 시작했다. 특히 야생의 매와 여우들이 역병으로 사라지면서 새들이 지저귀는 소리가 마을마다 가득했다. 수백만 마리의 작은 새들이 울타리와 덤불 속에서 노래하기 시작한 것이다. 이것은 자연 균형의 변모를 뜻한다. 원래 광활한 관목 지대와 숲속에서 살던 산새들이 새로 조성된 나무 울타리로 날아온 것이다. 인클로저의 변화가 계속되는 곳마다 산새와 텃새의 균형이 바뀌었다. 울타리가 증가하고 관목지대와 자연 숲이 줄어든 데 따른 변화였다. 그리고 18세기에 이르러 곳곳에 운하를 개통하면서 이전에는 결코 알려진 적이 없던 새로운 조류들도 미들랜즈 마을로 날아들었다(p. 198).

풍경 속의 농가와 저택

　시골 마을에 모여 있는 2층 형태의 전통 시골집과 전원풍의 대규모 저택들은 잉글랜드 풍경에서 빼놓을 수 없는 요소이다. 그 기원을 찾

아 올라가면 앞의 것은 16세기 이후 시골 농가의 개축 열기와 더불어, 그리고 뒤의 것 역시 같은 시대 이후 귀족과 젠트리의 저택 신축 열기에 힘입어 잉글랜드 전역에 산재하게 된 것이다. 달리 말하면, 근대 영국의 전원 풍경은 농민 자신과 그리고 대토지를 소유한 지주, 이들 두 세력이 함께 형성한 것이다.

먼저 부농의 농가 개축은 어떻게 전개되었는가? 16세기 후반부터 영국 농촌 사회는 장기간의 경제침체에서 벗어나 활력을 되찾기 시작했다. 런던과 같은 대도시의 성장과 더불어 식료품과 피혁이나 모직과 같은 농촌 지역 공산품에 대한 수요가 늘었다. 이러한 이윤 인플레이션 시대에 농민들은 부를 축적하는 과정에서 삶의 공간을 넓히거나 전통적 생활권을 넘어서까지 시장경제에 깊숙이 관계를 맺었다. 농민들은 1540년 이래 가격 상승에 힘입어 시장에서 이득을 얻을 수 있었다. 경작권의 안정과 상대적으로 고정된 지대에 따른 이점을 누린 농민들은 가족노동의 형태로 농가 소득을 늘릴 수 있었다. 그러니까 16세기는 상인과 제조업자뿐만 아니라 농민에게도 이윤 인플레이션의 시대였던 것이다.

사실 튜더 시대 이전만 하더라도 대다수 농민들은 어둡고 지저분하며 비좁은 가옥에 살고 있었다. 이런 가옥은 일반적으로 거실과 안방으로 구성된 작은 집, 잡석으로 기초를 다진 후에 그 위에 목재로 틀을 짜고 벽에 진토를 바른 오두막에 지나지 않았다. 거실과 안방 위에는 천장도 없이 그저 지붕 서까래와 초가지붕만이 덮고 있을 뿐이었다. 그러나 가격혁명 시대에 소득이 높아진 농민사회에도 변화의 바람이 일었다. 농가 개축 붐은 이런 여건 아래서 진행되기 시작했다. 호스킨스는 이러한 개축을 농민 생활의 최초의 '근대화'라고 표현한다.

> 개인의 사생활에 대한 욕구가 귀족층에 속하는 사람들로부터 상인, 부농,
> 농민에게로 흘러들었다. 이는 특별한 용도에 쓰일 더 많은 방을 필요로 하
> 는 것이었으며, 특히 그 가운데서도 보통의 집에 이층을 올리고 계단을 설
> 치하는 작업으로 이어졌다. 넓고 바람이 잘 스며드는 거실과 지붕까지 맞
> 닿아 뚫린 방 몇 개가 더 딸려 있는 중세시대의 가옥이 16세기 마지막 몇
> 십 년과 17세기 초에 근대화되었다. 옛 방의 위쪽 중간쯤에 천장을 만들고,
> 그 위로 층을 올렸다. 벽난로를 더 많이 덧붙였으며(1577년 해리슨은 "여
> 러 개의 굴뚝이 최근에 세워졌다"고 말한다), 개별 층에도 칸막이벽을 설
> 치하여 그때까지 사용하던 헛간 같은 두세 개의 방 대신에 좀더 작고 더 따
> 뜻한 대여섯 개의 방을 만들 수 있었다. 창문도 더 많이 냈는데, 대부분 처
> 음으로 유리창을 끼운 것이었다(p. 159).

이 대대적인 농가 개축의 물결은 남쪽으로는 켄트 주에서 콘월 주
까지, 그리고 미들랜즈의 거의 모든 곳에 미친다. 1540년 이후 두 세
대 사이에 지역 특유의 건축재료를 이용한 여러 형태의 새로운 농가
들이 모습을 드러냈다. 이러한 다양성이야말로 농민 경제와 농민 문
화가 새롭게 결합한 좋은 사례이다. 17세기 후반과 18세기 초에도 이
에 못지않은 두 번째 개축 물결이 농촌 사회를 휩쓸었다. 이러한 개축
은 지역적으로 뿐만 아니라 농민 사회의 모든 계층에게까지 널리 퍼
졌다. 부농은 물론이고 그 아래 하층 농민과 경우에 따라서는 오막살
이 농민까지도 농가 개축 또는 신축 대열에 합류했다(p. 157).

귀족의 저택 신축 또한 근대 잉글랜드의 풍경에서 **빼놓을** 수 없는 부분이다. 오늘날 영국을 찾는 관광객들은 귀족가문이나 또는 '내셔널트러스트National Trust'[9]에서 관리하는 귀족 저택을 방문하고서 경탄을 금치 못한다. 이 저택들은 단순히 규모가 큰 석조건물만이 아니라 그 주변의 인공적인 자연경관과 함께 어우러져 사람들의 눈길을 끈다. 저택과 넓은 잉글랜드풍 정원 주변의 인공호수와 구릉지의 조림 등 전체 경관이 어떤 질서와 조화를 느끼게 하는 것이다. 실제로 근대적 의미의 '조경landscape gardening'이라는 개념은 16세기 이래 영국 귀족층의 산물이기도 했다.

16세기 이전에 전통 귀족층은 성이나 요새화된 저택에서 살았다. 모두 성벽과 해자를 갖춘 방어적인 성격의 거주지였다. 그러나 튜더 시대에 접어들면서 군사적 의미의 전투나 방어는 귀족의 생활에서 사실상 사라졌다. 그들은 폐쇄적인 생활 공간에서 좀더 개방된 공간으로 삶의 무대를 옮겨야만 했다. 귀족의 저택 신축은 16세기에 시작되어 18세기에 절정을 이루었다. 노퍽 주의 이스트 바섬East Barsham이나 서퍼크 주의 헨그레이브 홀Hengrave Hall과 같은 초기의 저택에서 블레넘 궁Blenheim Palace이나 하워드 성Howard Castle과 같은 18세기의 대규모 저택에 이르기까지 영국 곳곳에 산재한 귀족 저택들이 잉글랜드의 풍경을 다채롭게 만들고 있다.

풍경에 관한 한, 저택 그 자체보다 더 중요한 것은 저택 소유자들이 그 주위에 조성한 울타리를 친 수렵지park이다. 원래 울타리를 친 수렵지는 조성되었다가 없어지기도 하는 불안정한 것이었고, 단지 지도상에 작은 이름으로 기억될 뿐이었다. 그러나 16세기 이후 저택을 신축하면서 귀족들은 인근에 수렵지를 조성하고 경관을 새로 꾸미는 일에 노력을 기울였다. 파크는 대토지귀족의 시대인 18세기에 점차 확대되었다. 웅대한 저택은 그에 걸맞은 드넓은 토지를 필요로 했다. 수렵지 울타리 안쪽의 촌락 농경지만이 사라진 것이 아니었다. 조망을 가로막거나 또는 풍경을 조성하려는 어떤 원대한 계획에 장애가 된다고 생각되는 마을들은 즉시 파괴한 다음에 다른 곳에 다시 건설했다.

호스킨스는 18세기에 근대적 조경의 개념을 새롭게 도입한 건축가들, 즉 윌리엄 켄트William Kent, 랜슬로트 브라운Lancelot Brown, 험프리 렙튼Humprey Repton 등에 관심을 기울인다. 특히 켄트는 근대 조경의 아버지라 불릴 만큼 후대에 커다란 영향을 주었다. 호스킨스에 따르면, 켄트의 위대한 점은 "쭉 뻗은 전망 좋은 호수, 규칙적인 가로수길, 정갈하게 깎은 사면체 모서리" 등 네덜란드풍의 너무 형식에 치우친 정원을 거부하고 그 대신에 불규칙적이고 낭만적인, 이와 함께 자연미를 배가한 자연스러운 조경을 강조한 데 있었다(p. 174). 켄트에 뒤이어 성가를 날린 브라운 또한 자연미에 어떤 질서와 조화를 구현하는 작업에 빠져들었다. 그는 벌리Burghley 저택의 주변 경관을 조성하고 호수를 만들었는데, 1797년 이 저택의 안내책자는 브라운의 솜씨를 이렇게 소개한다.

형태 없는 그 전체를 곰곰이 생각하면, 황량한 경관에서 지금의 완벽한 질서와 정교한 조화를 이끌어낸 것은 후기 랜슬로트 브라운의 비범한 재능이다. 이스라엘인의 위대한 지도자가 그러했듯이, 그는 성장이 빠른 나무들을 이끌고 불모지로 나아갔다. 그곳에서 브라운은 이상야릇한 마술을

연출하고 끊임없는 불가사의로 사람들을 경악케 했던 것이다. 여기에서 감동을 받는 아름다움은 자연 자체의 미라기보다는 오히려 브라운의 전원적 미이지만, 자연은 이 아름다움에 아주 단순하면서도 소박한 세련미로 치장했기 때문에, 아무리 뛰어난 감식안을 가졌다 해도 얼핏 보고 그 차이를 식별할 수 없을 것이다.(p. 175)

튜더-스튜어트 시대 이래 귀족 저택의 대대적인 신축이야말로 오늘날 잉글랜드의 전원적 풍경을 형성하는 데 결정적 영향을 미쳤다. 대륙의 다른 나라에 비해 숲의 훼손이 더 일찍부터 그리고 좀더 급속하게 전개된 잉글랜드에서 귀족사회에 경쟁적으로 저택 신축의 열풍이 불었던 것은 그나마 다행스러운 일이었다. 그들이 대규모 석조건물만으로 자족했다면 지금의 전원적 풍경은 볼 수 없었을 것이다. 저택 주변에 광활한 정원을 조성하면서 귀족들은 또한 경쟁적으로 나무를 심고 숲을 조성했다. 호스킨스는 17세기에 살았던 지주 존 에벌린 John Evelyn을 소개한다. 그는 서리Surrey 주에서 몸소 조림에 앞장섰으며 그 중요성을 강조하는 한 《식물지*Sylva*》를 펴내기도 있다. 18세기 조경에 관심 있는 지주라면 당연히 에벌린의 수목재배의 원리를 들어서 알고 있었다(p. 173). 일부 지역에서는 대륙의 새로운 수종을 경쟁적으로 심기도 했다. 당단풍나무가 그 한 보기이다. 또 17세기 말 지주들이 주로 심었던 떡갈나무는 한 세기가 지난 후 성목이 되었고, 프랑스와의 전쟁기에 선박건조용으로 유용하게 사용되었다.

16세기 이전까지 왕실에만 국한되었던 화려하고 웅대한 양식의 저택과 대지가 귀족들의 소유로 자리를 잡으면서, 전원적 잉글랜드 풍경은 좀더 구체적으로 모습을 드러낸 셈이었다. 오늘날 영국에서 관광지로 널리 알려진 블레넘 궁을 비롯한 이 대저택들은 과거 귀족층의 사회경제적 영향력을 과시하는 인공물이었겠지만, 어느덧 이 나라의 자연 풍경에 녹아들어가 장려한 저택과 그 주변의 호수와 수렵지와 숲지대 등으로 깊은 인상을 심어준다. 대저택은 오늘날 대부분 내셔널 트러스트가 관리하며 영국 관광수입 증대에 크게 기여하고 있다. 귀족의 이기심이 사회적 이익과 연결되었다는 사실 자체가 일종의 역사적 아이러니이다. 더욱이 대저택 주위에 인공으로 조성된 숲지대는 후대에 산업화 물결을 비껴갈 수 있는 피난처가 되었는데, 귀족의 이기심과 사적 소유가 오늘날 자연보호의 마지막 보루가 되었다는 것 또한 흥미로운 일이다.

산업화의 영향

19세기 영국사를 변화의 시대로 바라보게 하는 중요한 사건은 산업혁명일 것이다. 그러나 아놀드 토인비Arnold Toynbee와 폴 망투P. Mantoux로 이어지는 산업혁명에 대한 전통적 해석은 근래에 관심의 대상이 아니다. 지난 한 세대에 걸쳐 영국의 경제사가들은 산업혁명의 단절성을 부정하는 작업을 경쟁적으로 계속해 왔다. 그들의 연구에서 단절을 뜻하는 용어들, 이를테면 분수령, 전환점, 이륙과 같은 표현은 사실상 사라졌다. 산업혁명이라는 표현 자체가 잘못된 역사 용어라는 것이다.[10] 특히 1980년대에 산업혁명기의 국민소득 계정에 정교한 수정이 가해지면서 이제 점진론은 새로운 정통론으로 자리 잡았다.

 이와는 달리 풍경이라는 측면에서 보면, 산업혁명은 의회 인클로저 못지않게 잉글랜드 곳곳에 급격한 변화를 가져온 사건이었다. 우선 시커먼 매연과 공장 굴뚝과 도시의 슬럼가들이 풍경 속에 첨가되었다. 또 산업화와 함께 전개된 교통혁명, 즉 새로운 도로와 운하와 철도는 구릉과 평원으로 이어진 잉글랜드 풍경에 엄청난 충격을 주었다. 급성장한 산업도시들이 인클로저된 경지와 목양지를 집어삼켰고 산업폐기물로 이루어진 새로운 구릉과 낮은 언덕이 사람들의 눈앞에 펼쳐졌다. 호스킨스가 보기에 이러한 변화는 천여 년에 걸쳐 전개된 어떤 변화보다도 더 혁명적인 것이었다.

 산업화 시기에 풍경의 변화에 직접 영향을 미친 것은 공장이다. 당시 면공업이 산업화를 주도했다는 것은 잘 알려진 사실이다. 면공업의 기계화는 방적, 즉 실을 뽑아내는 분야에서 먼저 진행되었으며 그에 따라 초기 공장은 방적공장이 주류를 이뤘다. 18세기 후반에 먼저 광범하게 이용된 방적기는 리처드 아크라이트Richard Arkwright가 고안한 수력방적기였고, 1790년대에는 증기기관과 연결된 뮬 방적기가 방적분야의 주류로 자리 잡았다. 이들 방적기를 집중 설치한 면공장의 형태도 수력공장에서 증기력공장으로 바뀌었다. 호스킨스는 이 두 가지 형태의 공장들이 풍경에 어떤 영향을 주었는지 분석한다. 아크라이트는 1771년 더원트 강변의 크롬퍼드에 최초의 수력방적공장을 세웠다. 그후 잇달아 건설된 이 같은 형태의 방적공장은 사람들이 많이 거주하는 곳에서 멀리 떨어진 외딴 곳에 위치해 있었는데, 이는 동력용 물길을 찾아야 했기 때문이다. 그럼에도 수력방적공장과 그 주변 풍경은 이전의 소규모 작업장이나 농촌공업 위주의 시대와 비교하면 큰 차이가 있었다.

비록 산간의 물길 닿는 골짜기나 한적한 강변 어귀에 위치해 있다고 하더라도 수력공장은 기존의 작업장보다 훨씬 규모가 컸다. 더욱이 공장건물과 기계류에 들어간 고정자본의 수익을 맞추기 위해서는 가동시간을 늘리지 않을 수 없었다. 다행히도 수력은 인간 노동과는 달리 휴식을 필요로 하지 않았다. 공장주들은 교대제를 도입하고 성채와 같이 높다란 생경한 구조물에 불을 밝혔다. 그것은 야외에서 여가를 즐기다가 먼 거리에서 그 불빛을 바라보는 사람들에게 새롭고도 극적인 인상을 남겼다(p. 217). 공장 주위에 거주지가 늘어나면서 이전에는 사람이 살지 않던 골짜기와 계곡이 혼잡해졌다. 호스킨스는 이렇게 말한다.

> 섬유공업지대에서 새로운 산업적 풍경은 계곡 아래 펼쳐져 있었는데, 가장 밀도 높은 정착지가 구릉 경사면이었던 디포의 시대에는 비교적 무시된 곳이었다. 이제 계곡 밑에서는 여러 층짜리 새로운 공장이 들어섰으며, 그 중 일부는 그 시대의 일반 시골 저택과 크게 다르지 않은, 보기 좋은 건물이었다. 노동자들을 위해 공장 주위에 오두막과 연결되는 짧은 길들을 냈는데, 너무 서둘러 뚫었기 때문에 아무런 기반도 다지지 않고 땅위에 평면을 깔아놓은 것처럼 보였다. 그러나 아직까지 혼잡스러운 점은 없었다. 수력시대는 가장 작은 촌락에서도 새로운 공장 주위에 공장촌이 들어서도록 만들었다(pp. 218~19).

한편, 증기력공장이 들어서기 시작한 것은 1790년대 이후의 일이다. 이런 형태의 공장이 영국 경제에 미친 영향은 이미 잘 알려져 있다. 그렇다면 증기력공장은 잉글랜드 풍경에 어떤 변화를 가져왔는가? 무엇보다도 그것은 대규모 제조업의 집중과 아울러 노동력의 집중을 뜻했다. 이제 공장주들은 급류가 흐르는 곳이나 산록지대의 계곡에서 동력을 찾을 필요가 없었다. 다만 석탄을 용이하게 실어나를 수 있는 곳, 따라서 운하 근처나 탄광지대 인근에 공장을 지을 수 있었다. 그들은 이제 황무지나 산록지대에 새로운 터전을 잡지 않아도 되었다. 단지 공장 근처에 노동자들이 기숙할 수 있는 마을만 세우면 조건이 충족될 터였다. 공장주들은 기존의 도시 주변에 공장을 지었고, 노동자들은 그 주변 빈 터에 날림으로 지은 연립주택에 밀집해 살았다.

호스킨스가 보기에, 수력공장시대에는 경관의 변화가 있었다 하더라도 풍경은 전반적으로 전원성을 잃지 않았다. 수력이 매연이나 오물을 발생시키지는 않았기 때문이다. 그러나 석탄을 직접 사용하면서 읍락이 검게 물들고 공기가 오염되기 시작했다. 탄광이나 제철공장처럼 대량으로 쓰레기를 방출하는 곳의 풍경은 '불모의 찌꺼기들'로 뒤

덮이기 시작했다. "광산과 다른 공장에서 나온 산더미 같은 쓰레기, 지하의 광산 채굴로 지표면이 침강된 데 따른 시커먼 물길, 폐기된 탄광 갱도, 버려진 채 썩어가는 운하" 등이 잉글랜드를 변모시켰다(p. 229). 옛날 공업지대였던 곳을 답사하면서 높다란 구릉지대로 올라가 사위를 둘러보면 낯익은 산업적 풍경을 바라볼 수 있다. "증기기관을 설치했던 창문 없는 건물들, 하늘을 배경으로 저 혼자 우뚝 솟은 굴뚝, 옛 광산촌의 폐허가 된 오두막과 연립주택, 돌투성이의 폐기물더미," 이런 것들이 19세기의 전형적인 산업 풍경이다(p. 230).

증기력공장 시대에 산업도시가 팽창하면서 일종의 사회적 풍경이라고 할 수 있는 새로운 모습이 등장한다. 슬럼이 바로 그것이다. 호스킨스는 슬럼의 어원을 추적해 그것이 산업화 시대에 어떤 사회적 맥락에서 나타났는지를 살핀다. 증기력공장은 주로 운하 옆 낮은 지대에 위치해 있었고, 공장촌도 낮은 지대에 집중되었다. 이전에 농촌공업이나 수력공장이 구릉지대의 경사면에 있었던 것과는 달리, 증기력공장은 배수 문제를 해결하기 어려운 곳에 세워지게 마련이었다. 영어에서 '슬럼slum'이라는 말은 원래 수렁이라는 뜻을 가진 슬럼프slump에서 나왔다. 독일어나 스웨덴어에서 '슬람slam'은 오늘날에도 수렁을 뜻한

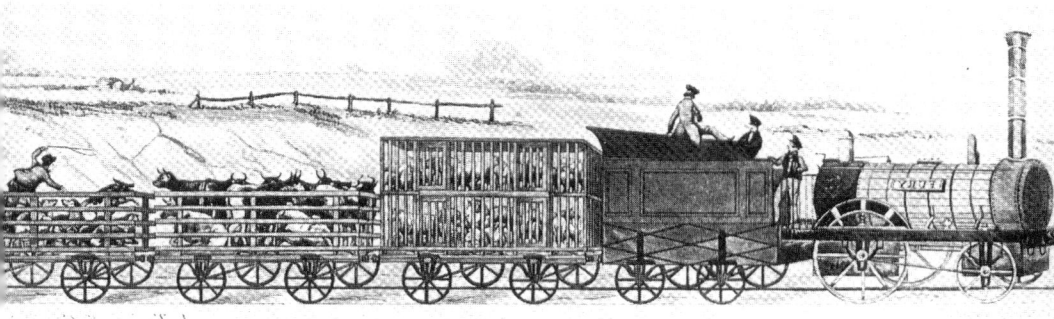

다. 그것은 원래 배수가 되지 않는 지대에 있는 거리와 주거지의 열악한 상태를 가리키는 말로 사용되었을 것이다. 그러나 1820년대에 그 말은 다른 의미를 갖게 되었다. 즉 공장이 집중된 공업도시가 성장하고 공장 주변 여기저기에 대규모 노동자 주택단지가 들어서면서 이 말은 이전과 달리 노동자 주거의 질을 상징하게 된 것이다(p. 225).

호스킨스에 따르면, 공장과 공장촌은 기존 풍경의 틀 안에서 새로운 변화를 낳거나 새로운 요소를 첨가한 것에 지나지 않았다. 그러나 인위적으로 풍경 자체를 뒤바꾸는 일들이 증가하기 시작했다. 운하와 철도노선을 개통하기 위한 대규모 토목공사가 그것이다. 18세기는 운하 열풍의 시대였고 19세기 전반은 철도의 시대였다. 수로나 철도를 개설하는 데에는 기존 풍경의 근본적 변화가 필수였다. 땅을 파고 구릉을 절개하고 수로관을 잇고 철교를 놓는 대대적인 역사가 풍경을 근본적으로 뒤바꿔놓았다. 그래도 굳이 운하와 철도를 비교하면 뒤의 것이 더 급격한 변화를 낳았다고 할 수 있다.

풍경을 근본적으로 뒤바꿀 만큼 대대적인 운하 건설은 제임스 브린들리James Brindley가 처음 시도했다. 워슬리 탄광에서 맨체스터까지 이르는 브린들리 운하는 그 당시까지 알려지지 않았던 새로운 공법을 선보였다. 운하의 물길을 가능한 한 수평으로 유지하기 위해 수로관을 사용하는 방식이었다. 브린들리는 둑을 쌓고 언덕을 깎아내리며, 이렇게 할 수 없는 곳에서는 수로관을 연결해 수평을 유지했다(p. 248). 이러한 풍경 개조는 철도 건설도 마찬가지였다. 철도는 한 도시나 또는 그 도시 주변 풍경 전체를 바꾸기도 했다. 철도용 제방, 철교, 고가교는 특히 도시 풍경에 기이한 기하학적 요소를 더해 주었다. 철도를 건설한 직후 제방을 쌓고 다리를 놓으면서 기존 풍경에 각인된 상처들이 그대로 드러났지만, 세월이 지남에 따라 그 상처는 아물었으며 오히려 색다른 아름다움을 형성했다. 이 때문에 오늘날 잉글랜드 시골의 철도 인근 풍경은 오히려 고졸적인 인상을 풍긴다. 호스킨스는 화창한 여름날 기차에 올라 러틀랜드 주의 시골 철로를 지나가 보라고 권유한다.

아, 바람결에 흔들리는 보리밭, 수초가 무성하게 자라나서 느리게 흐르는 여울과 버드나무 그늘 아래 묵묵히 풀을 뜯는 소들, 초원 너머 우아하게 솟아오른 석회석 첨탑, 은회색 케턴Ketton산 석재로 지은 후에 아직도 그 모습 그대로 남아 있는 빅토리아 초기의 기차역, 반쯤 나무숲에 파묻힌 마을의 연갈색 지붕들, 반짝이는 여름날의 햇살 등, 이런 정경이 어디서나 펼쳐진다. 철도가 이 아름다움의 대부분을 만들어내지 않은 것은 사실이나, 이는 우리에게 새로운 전망을 보여준다(p. 256).

산업화 과정에서 도시의 모습 또한 급변했다. 도시의 팽창이야말로 산업적 풍경에 결정적인 변화를 가져왔다. 우리는 대부분의 도시들이 산업화의 물결에 따라 거의 무계획적이고 맹목적인 팽창을 거듭해 왔으리라고 생각하기 쉽다. 그러나 호스킨스는 19세기 도시 팽창의 시대에 도시마다 처한 여건의 차이에 따라 몇 가지 변화의 패턴이 있다고 주장한다. 여기에서 관건은 도시 근교의 개방경포를 어떻게 처리하느냐의 문제였다. 왜냐하면 도시가 팽창하기 위해서는 이 개방경포의 개발이 필수적이었기 때문이다. 개방경포의 전환에서 첨예한 갈등을 초래한 것은 이른바 라마스 초지권Lammas pasture right이었다. 이 것은 추수 후에 소나 양을 개방경지에 방목할 수 있는 권한을 가리켰다. 비록 경포가 사유지라 하더라도 인근 농민은 다같이 이 방목권을 행사할 수 있었다. 이 방목권이 어떻게 변모했느냐에 따라 도시 발전 과정이 달라졌다. 호스킨스는 노팅엄Notingham, 레스터Leicester, 스탬 퍼드Stamford의 사례를 들어 서로 비교하고 있다.

먼저 노팅엄은 산업화 이전에 잉글랜드에서 가장 아름다운 소읍 가운데 하나였다. 산업화 초기에 편직물 중심지였던 이 도시로 대규모 인구가 유입되었다. 그런데도 주민들은 도시 북쪽과 남쪽에 펼쳐진 1,100에이커 규모의 개방경지를 종획해 택지로 개발하려는 계획을 완강하게 반대했다. "초지 이용권을 가진 주민들은 완고하게 개방경 지를 인클로저하는 것에 반대했다. 노팅엄의 선거는 이 문제를 둘러 싼 싸움과도 같았다." 성난 주민들은인클로저를 지지하는 입후보자를 본뜬 모형을 만들어 불태우기도 했다. 이런 후보를 지지하는 사람들 또한 시도 때도 없이 반대자들에게 구타와 조롱의 대상이 되었다. 심지어 인클로저를 통해 이득을 볼 수 있었던 자영농민들도 전통적 관습의 유지라는 명분에 휩싸여 인클로저를 원한 후보자들을 공격하기 일쑤였다. 심지어 인클로저를 하면 더 효과적으로 농사를 지을 수 있고 더 비싼 값으로 토지를 팔 수 있었던 부농들도, 땅이 전혀 없으면서도 시간이 지나면 좀 얻을 수 있지 않을까 하고 생각하는 주민들도 이미 소와 양떼를 방목할 권리를 가진 사람들과 맞닥뜨리자 꼬리를 내릴 수밖에 없었다(p. 282).

'목우정치cowocracy'의 방해를 받아 도시는 더 이상 바깥으로 뻗어

나갈 수 없었다. 그 때문에 모든 정원들, 모든 과수원, 모든 개방된 공간이 조각조각 분배되었고, 새로운 건축물을 짓기에는 터무니없이 부담스런 가격을 형성하게 되었다. "가로街路마저 공간으로는 사치스러운 것이 되었다. 좁은 골목, 뒷골목의 한정된 공간에 집들이 더욱 빼곡히 들어찼다. 봄이면 사과와 버찌 꽃향기로 가득했던 과수원은 등에 등을 맞댄 집들이 가득한 터가 되었고, 덮개 없는 하수도를 가로질러 집들이 덕지덕지 붙어 있었다"(p. 286). 물론 1845년에 이르러 노팅엄은 주변 개방경지를 인클로저할 수 있게 되었다. 그러나 이미 악화된 도시의 상황을 되돌릴 수 없었다. 호스킨스에 따르면, 이때 이미 수용 가능 인구보다도 세 배나 많은 사람들이 예전의 좁은 구역에 밀집해 슬럼을 형성하고 있었다.

이와 달리 레스터는 개방경지 개발과 도시 성장이 좀더 순조롭게 맞물려 진행된 사례에 속한다. 인구팽창 직전에 레스터 주변 세 곳의 개방경포가 인클로저되었다. 이에 따라 도시는 종획된 경포 쪽으로 자연스럽게 팽창하기 시작했다. 도시의 성장을 가로막는 공간적 한계가 더 이상 없었다. 레스터의 노동자들은 연립주택이 아니라 단독주택에 거주했으며, 집의 규모도 널찍한 편이어서 보통 방 네 칸이 딸려 있었다. 한 집에 두 가구 이상 거주하는 경우는 드물었다(p. 287).

마지막으로, 스탬퍼드의 경우 적어도 1872년까지 종래의 개방경포를 그대로 유지했다. 이것은 경포 주위의 농민들의 반대 때문이 아니라 이 지역을 지배하던 강력한 귀족가문의 지배력 때문이었다. 당시 세실Cecil 가문은 벌리 궁 수렵지를 원형 그대로 유지하기 위해 스탬퍼드 주변의 인클로저를 강압적으로 막았다. 세실 가문은 이곳 선거구를 마음대로 지배할 수 있었으므로 가문에 우호적인 후보를 후원해 당선시키도록 막후 영향력을 행사했다. 심지어 도시 미관을 해친다는 이유로 인근의 철도 건설계획도 반대했다. 그 때문에 인근의 피터버러Peterborough가 이 지역의 철도 중심지로 떠오르게 되었던 것이다 (pp. 287~88).

이것은 미들랜즈 대부분의 도시들이 겪었던 과정이었다. 이들 도시는, 도시의 성장에 상응하여 어떻게 주변 개방경포를 종획할 것인가라는 공통의 문제에 직면했다. 어떤 도시들은 레스터의 사례와 같이 전혀 어려움 없이 문제를 해결했다. 그러나 노팅엄의 경우처럼 변화와 개선을 요구하는 소수를 주민들이 배척해 문제 해결을 어렵게 만들었던 도시들도 있었다. 스탬퍼드와 같은 곳에서는 귀족가문이 낡은 정치적 특권을 보호하기 위해 일반 주민과 싸워 도시 확장을 막았다.

귀족가문의 시대착오적 노력 덕분에 스탬퍼드는 오늘날에도 전통적이고 고졸적인 아름다운 풍경을 간직할 수 있었지만, 생명력을 잃어버린 화석이 되었다. 이 풍경은 어쩌면 역사의 아이러니라고 할 수 있다. 호스킨스는 이렇게 말한다. "이제 우리는 현대화된 피터버러를 보면서, 더 이상의 확장을 방해하여 스탬퍼드를 중세의 모습 그대로 유지시킨, 그래서 오늘날 하나의 볼거리를 제공하는 세실 가문에 감사해야 할지도 모르겠다. 오늘날 영국엔 피터버러와 같은 도시는 지나치게 많은 반면, 스탬퍼드와 같은 도시는 너무 적은 것이 사실이니까"(p. 280).

풍경의 해체

《잉글랜드 풍경의 형성》에서 호스킨스의 기본적 시각은 다음과 같이 간추릴 수 있다. 우선, 그는 이제까지 역사지리학적 관점이 매우 불충분했음을 지적하면서 그것이 왜 역사 및 문화의 이해에 중요한지를 설명한다. 그는 우리가 흔히 볼 수 있는 친근한 풍경들, 즉 경포, 둑, 울타리, 목양지, 마을, 촌락 등이 어떻게 현재의 상태에 이르게 되었고 언제 변화가 일어났는지를 세밀하게 검토한다. 특정한 지역 풍경의 변화에 대한 호스킨스의 설명에 몰입하다 보면, 잉글랜드의 자연 가운데 어느 것도 인간의 활동과 관련되지 않은 것이 없으며, 무심히 지나치는 미미한 경관과 풍경조차도 그 속에 인간의 역사를 간직하고 있음을 새삼 절감하게 된다.

다음으로, 호스킨스는 풍경의 역사성을 이해하기 위해 지명의 어원, 중세시대 하사장을 비롯한 다양한 사료, 현장 답사의 경험 등을 활용한다. 한적한 산골에 남아 있는 구불구불한 샛길이나 어느 강변의 제방 하나를 가지고서도 주위의 지명과 남아 있는 동시대 사료와 현장 답사의 경험을 살려 그것이 누구에게서 언제 비롯했는지, 그리고 어떤 변화가 가미되었는지를 수수께끼 풀듯이 추적한다. 이와 같은 수수께끼 풀이에 몰입하다 보면, 어느새 우리 자신까지도 그의 탐사에 동참하고 있다는 착각을 불러일으킨다. 문제풀이와 비슷한 그의 서술방식은 오늘날 무미건조한 역사 서술에 하나의 대안을 제시한다.

한편, 호스킨스는 잉글랜드 풍경의 역사에서 정주와 인간 활동의 확대를 중시한다. 우선 잉글랜드는 유입의 땅이었다. 켈트인, 벨가이인, 로마인, 앵글로색슨인, 데인인, 노르만인에 이르기까지 오랜 세월

에 걸쳐서 새로운 이주자들이 무대에 나타난다. 우리는 흔히 잉글랜드의 역사를 앵글로색슨 위주로 이해한다. 그렇지만 잉글랜드에 들어온 다른 부족들의 활동과 그에 따른 풍경의 변화를 무시할 수 없다. 예컨대 그가 세밀하게 추적하는 지명들조차도, 켈트인이나 데인인의 활동이 색슨인 못지않게 중요했다는 점을 일깨운다.

마지막으로, 이 책은 풍경의 역사에서 '변화'와 '지속'이라고 하는 두 가지 상반된 개념을 어떻게 연관시킬 것인지를 성찰한다. 이것은 사실 역사학에서 해결하기 어려운 본원적 문제이기도 하다. 잉글랜드에 이주한 사람들은 삶을 영위하는 과정에서 이전 사람들이 남겨놓은 풍경에 또 다른 자취를 남기기 시작한다. 호스킨스는 순수한 일부 자연적 요소를 제외하고는 대부분의 풍경들, 예컨대 경포 형태, 울타리, 좁은 길과 같은 주제들은 물론, 심지어 도랑과 같은 것에서조차 그 패턴이 어떻게 발전했는지를 보여주기 위해 가능한 한 연대순으로 이들을 뒤쫓는다. 첫 장에서 마지막 장까지 이 주제들이 끊임없이 반복되기 때문에 언뜻 보면 지루하게 여겨질 수도 있다. 그러나 이것은 호스킨스가 풍경에 관한 한, 지속 속의 변화와 변화 속의 지속을 찾아내야 한다는 기본적인 전제에 의거해 의도적으로 서술한 방식임을 이해해야 한다.

특히 호스킨스가 이 책을 위해 여러 곳을 답사하고 자료를 수집한 시기는 냉전이 기승을 부리고 있었다. 2차 세계대전 이후 유럽에서 서구와 동구권의 대결국면이 심화되면서 영국의 여러 지역이 군사기지며 군 비행장을 건설한다는 명목으로 무참하게 파괴되고 있었다. 화가 컨스터블John Constable(1776~1837)과 게인즈버러Thomas Gainsborough

(1727~1788)가 아름답게 그렸던 하늘을 뒤덮은 비행기의 더러운 배기가스와, 코츠월즈Cotswolds의 길고 부드러운 경사지 위로 원자폭탄 투하 연습을 하는 폭격기들을 지켜보면서 호스킨스는 한 시대의 끝을 예감한다. 그와 함께 지역개발이라는 이름 아래 숲과 경포와 황야가 무자비하게 다시 짓밟히고 있었다. 한마디로 그 모든 역사적 풍경이 해체되기 시작한 것이다.

사실, 이 책이 출간된 1950년대 초만 하더라도 호스킨스의 나직한 목소리는 주위의 소음에 묻혀 커다란 반향을 불러일으키지 못했다. 오히려 그의 목소리는 한두 세대가 지난 오늘날, 자연과 환경에 대한 관심이 고조되고 있는 이 시대에 우리에게 중요한 메시지를 전해 준다. 우리는 잃어버린 자연과 환경만을 뒤쫓아 갈 수 없다. 그러나 무엇을 잃어버렸는지 확인하는 것이 중요하다. 이와 아울러 겉으로는 변하지 않는 것처럼 보이는 이 풍경들 속에 어떤 변화의 과정이 깃들어 있는지 살펴보는 것 또한 중요한 일이다. 좀더 많은 사람들이 이러한 관심을 내면화하고 삶의 일부로 받아들일 때 잃어버린 자연을 일부나마 다시 되살리며 남아 있는 자연이 우리의 삶과 공존할 가능성을 찾을 수 있을 것이다.

스톤은 역동적이고 왕성한, 재기에 넘치고 부드러우면서도 짓 궂은 대가였다. 그가 이룩한 업적은 사회사를 흥미롭고도 자극적인 것으로 만들었다는 점, 사회사 연구를 자극하고 고무하면서 새로운 탐구영역과 새로운 사료 더미를 들추어냈다는 점이다.

로렌스 스톤, 사회사의 지평 넓히기

생애

1999년 6월 16일 로렌스 스톤Lawrence Stone은 50여 년에 걸친 그의 학문 이력을 마감하고 세상을 떠났다. 그는 일생을 영국 근대, 특히 사회사 연구에 진력해 왔다. 튜더-스튜어트 시대 귀족사회의 위기를 통해 혁명의 원인을 찾던 초기 연구에서, 가족과 성 그리고 결혼과 이혼의 사회사에 이르기까지 자신의 연구대상을 끊임없이 넓혀간 보기 드문 역사가였다. 같은 해 7월 5일자 《가디언*The Guardian*》지는 역

사가로서 그의 위치를 다음과 같이 평가한다.

> 향년 79세로 사거한 로렌스 스톤. 그는 에릭 홉스봄, 에드워드 톰슨과 더
> 불어 사회사의 개념을 수정하고 다시 구성한 핵심 인물이었다. 그는 사회
> 과학자들의 이론과 기법을 역사 연구에 어떻게 적용할 수 있는지를 보여
> 줌으로써 역사 연구의 영역을 넓히고 그 연구방법을 심화시켰다. 젊은 시
> 절 논쟁적이고 다혈질이었던 그는 세계적인 사회사가로 일가를 이룬 다음
> 에도 끝까지 다혈질의 인물로 남아 있었다.[1]

이 기사는 스톤의 여러 저술을 언급하면서, 동료 역사가들은 《귀족
의 위기*The Crisis of the Aristocracy*》(1965)나 《열린 엘리트?*An Open
Eilte?*》(1984)를 학문적으로 높이 평가하겠지만 일반 독자의 경우 《가
족, 성, 결혼*Family, Sex and Marriage in England*》(1977) 또는 《이혼행
로*Road to Divorce*》(1990)를 더 좋아할 것이라고 단언한다.[2] 이는 스톤
이 당대에 뛰어난 일급의 전문 역사가이면서도 일반 식자층의 인기도
함께 누렸다는 점을 고려했기 때문일 것이다. 스톤의 저술 연대기를

훑어보면, 그가 전통적인 역사 연구방법을 토대로 하면서도 인류학과 사회과학의 새로운 방법을 적극적으로 받아들여 튜더-스튜어트 시대에서 그 이후까지 연구시기를 확대해 나갔음을 알 수 있다.

스톤의 생애와 이력을 간략하게 살펴보자.[3] 1919년 12월 4일 런던 근교의 엡섬Epsom에서 태어난 그는 같은 세대의 뛰어난 영국 역사가들이 그랬듯이, 어렸을 때부터 엘리트 교육을 받고 자랐다. 명문 사립학교 차터하우스Charterhouse를 거쳐 옥스퍼드의 크라이스트 처치 칼리지Christ Church College에서 역사를 공부했으며 2차 세계대전 중에는 해군장교로 복무하기도 했다. 제대 후 다시 옥스퍼드로 돌아온 스톤은 1947년 졸업과 동시에 유니버시티 칼리지에서 학생들을 가르치면서 역사가로서의 길을 걷기 시작했다. 이 때까지만 하더라도 그의 주된 연구분야는 중세 예술사였다.[4] 그러나 스톤은 곧바로 튜더-스튜어트 시대사 연구에 뛰어들었는데, 이는 젠트리의 대두와 영국혁명을 연결지은 리처드 토니Richard H. Tawney의 영향에서 비롯된 것이었다.

젊은 스톤이 보기에, 1540~1640년이야말로 영국사에서 흥미롭고도 새로운 변화가 일던 시기임에 분명했다. 그는 자신의 연구가 무르익지 않은 상태인데도 그 결과를 논문으로 발표했다. 이 글에서 그는 엘리자베스 시대 귀족층이 낭비가 심하고 재정적으로 파탄상태에 이르렀으며 이러한 현상이 젠트리의 대두를 촉발했다고 주장한다. 그러나 때때로 수집한 자료를 치밀하게 해독하지 않은 허점을 드러냈다.[5] 이 문제를 둘러싼 논쟁에서 그는 옥스퍼드의 동료 역사가들, 특히 휴 트레버 로퍼Hugh Trevor-Roper의 신랄한 비판을 받았다. 즉 스톤이 여러 세대의 동명 귀족을 동일인으로 착각했고, 토지를 합산한 수치들의 상당수가 오류였으며, 전반적으로 그 시대 지주제의 본질을 잘 못 이해했다는 것이었다. 논쟁의 결과 스톤은 자신이 매우 중대한 실수를 저질렀음을 인정하지 않을 수 없었다.[6] 그후 1960년에 스톤은 옥스퍼드를 떠나 미국 프린스턴 대학 고등학술원Institute of Advanced Study에 자리를 잡았으며, 1990년 은퇴할 때까지 사학과 교수 겸 데이비스 역사 연구소Shelby Cullom Davis Center for Historical Studies 소장으로 재직했다.

엘리자베스 시대 귀족을 둘러싼 논쟁은 스톤의 학문 역정에 오랫동안 영향을 미쳤다. 사실 스톤이 공식적으로 언급하지는 않았지만 가혹하리만큼 신랄했던 트레버 로퍼의 비판은 일생에 걸쳐서 마음의 상처로 남아 있었다. 그가 미국으로 옮긴 것도 이와 무관하다고 할 수 없었다. 비록 그 논쟁이 사료비판과 학문적 엄정성이라는 외피를 두르고 있었을지라도, 그 이면에는 중세사 연구자가 새로운 분야를 넘나든다는 반감이 깃들어 있었던 것 같다. 냉전 상황 아래서 이념적 문제도 작용했을 것이다. 리처드 에번스Richard Evans는 1960년대 옥스퍼드 대학 교수들의 분위기를 다음과 같이 회고한다.

내가 학부생이었을 때 실제로 지도교수들은 미국 대학들, 심지어 스톤이 영국을 떠나 가르치러 간 프린스턴 대학에 대해서도 예전처럼 거만한 태도를 보였다. 그들은 스톤이 미국에서 일자리를 찾지 않을 수 없었던 것은 그 논쟁의 결과 옥스퍼드에서 자신의 위치를 지킬 수 없었기 때문이라고 조롱하는 데 익숙해 있었다.[7]

이 논쟁 이후 스톤이 10여 년간의 침묵 끝에 내놓은 연구결과가 바로 《귀족의 위기》였다. 이 연구는 논쟁에서 훼손당한 학문적 자존심을 되찾으려는 역작이었다. 그는 이전의 경제사적 접근만을 고집하지 않고 인류학, 사회학, 심리학 분야의 개념들을 원용하고 있다. 이 연구가 스톤의 학문 이력에서 중요한 것은 그가 좌절을 겪으면서도 논쟁이 되었던 그 시대를 다시 철저하게 탐구해 전체사적 서술을 시도했다는 점이다. 그뿐만 아니라 그는 토니의 세기라는 시간대를 뛰어넘어 18, 19세기까지 탐구의 지평을 넓혔다. 그렇다면 스톤은 그의 관심영역을 어떻게 확대했는가? 특히 1970년대 이후 가족과 결혼의 사회사라는 새로운 연구는 우리에게 무엇을 알려주는가?[8]

귀족사회, 위기와 존속

스톤이 논쟁 이후 프린스턴에 자리 잡을 때까지 줄곧 몰두한 것은, 16세기 후반과 17세기 초 귀족 엘리트의 위기를 전체사적 차원에서 재구성하는 일이었다. 영국혁명이라는 정치적 사건의 서문에 해당하는 사회사, 경제사, 지성사 연구를 동원해 그 변동을 설명하려는 시도라고 할 수 있다. 《귀족의 위기》의 서술 목적은 "귀족 엘리트의 물질적, 경제적, 이념적, 문화적, 도덕적 환경", 즉 전체 환경을 묘사한 다음에 이 "엘리트 집단의 위기과정"을 설명하는 데에 있었다. 그 위기야말로 영국혁명의 중요한 동인으로 작용했기 때문이다.[9]

스톤은 튜더-스튜어트 시대 기존 질서의 토대에 나타난 장기적 변화에서 영국혁명의 요인들을 찾는다. 그것은 군주제와 국교회, 그리고 귀족 엘리트 사회 내부의 변화이다. 군주정에 대한 존경과 복종심이 약화되었고, 국교회 또한 가톨릭 이외에 다른 종파를 포용할 수 있는 개방성을 잃었으며, 귀족층도 사회·경제적 위기에 빠져들고 있었다는 것이다.[10] 《귀족의 위기》는 이 마지막 요인을 좀더 실증적으로 탐구한다.

스톤은 자신의 주장을 입증하기 위해 작위귀족peerage의 수와 구성에서 일부 귀족의 도서관 장서수까지, 그들의 지대수입에서 식량소비에 이르기까지 다양한 통계자료를 제시한다.[11] 이 가운데 가장 핵심적인 것은 작위귀족 전체의 총소득과 구매력을 추적한 통계라고 할 수 있다. 여기에서 총소득은 지대수입 합계에 관직수당, 국왕 하사금, 투자소득 등 다른 부대수입을 가산한 것이다.[12] 그는 특히 1559년, 1602년, 1641년의 총소득 추계를 같은 연도의 물가지수Phelps Brown-Hopkins index를 고려한 구매력 수치로 변환해 서로 비교하고 있다. 1559년을 기준으로 이들의 구매력은 17세기 초에 급격하게 떨어졌다가 1640년대에 겨우 이전 수준을 회복하는 것으로 나타났다.

이러한 계량화는 말 그대로 "작위귀족이 처한 전반적 경제 상황"[13]을 그려낼 수 있는 모든 방법을 시도한 것이다. 스톤은 이를 근거로 당시 귀족이 군사력은 물론 토지와 사회적 위신마저 상실했고, 궁극적으로는 젠트리 상층에 비해 경제적으로 더 불리해졌다고 주장한다. 이 모두가 귀족의 위신 추락과 자신감의 위기로 귀결되었고 그에 따라 군주정 자체가 곧바로 위험에 직면하게 되었다는 것이다. 스톤은 《귀족의 위기》 마지막 장에서 그 위기를 다음과 같이 생생하게 요약한다.

이 같은 위신의 추락을 가져온 다양한 요인들로는 젠트리의 부에 비해 귀족 부의 상대적 쇠퇴, 절대적으로나 상대적으로 영지 소유의 위축, 인원·무기·성·저항·의지 등 여러 면에서 그들 군사력의 약화, 너무 많은 인사에게 그리고 너무나 볼품없는 사람들에게 능력이 아닌 현금을 통한 칭호 하사, 소작인들에게 인력 공급자보다는 지대 납부자로 대하는 그들의 태도 변화, 절실한 정치적·종교적 이슈들의 대두에 따른 그들의 선거구 영향력의 잠식, 시골의 순박한 생활 대신에 도시의 사치스러운 생활을 점차 선호하는 경향, 중등학교와 대학에서 독서교육을 받은 자산계급의 증가, 신분 반열에 따른 권리를 무시하고 행정 엘리트에게 분명한 능력을 갖출 것을 요구하는 국가, 개인주의 대두의 영향 및 전파, 영성적 위계에서 선민에 대한 칼뱅주의적 믿음, 세속 사회에서 위계와 복종에 대한 태도에 영향을 미친, 개인의 양심을 향한 청교도적 집착, 마지막으로 실제이든 가상이든 간에 헌정론, 과세의 방법 및 규모, 신앙 형태, 미각, 금융상의 청렴도, 성도덕 등에 대한 태도 면에서 궁정과 지방 사이의 심리적 단절 등이 포함된다.[14]

1560~1640년의 시기에 귀족사회가 전반적으로 위신의 실추와 자신

감의 위기를 겪고 있었다는 스톤의 견해는 많은 논란을 불러 일으켰다. 그에 대한 비판은 주로 두 가지 방향에서 이루어졌다. 하나는 스톤이 제시한 소득통계에 관련된 것이고, 다른 하나는 귀족의 위기와 영국혁명의 인과관계에 관한 것이었다. 이를테면 스톤이 1559년의 총소득을 산출하면서 지대수입과 다른 부대수입 외에 누락된 부정기소득casualties을 뚜렷한 근거도 없이 지대수입과 부대수입 합계의 20퍼센트로 설정했다는 견해나,[15] 당시 그가 제시한 위기의 증거들은 영국만이 아니라 대륙의 다른 나라들에서도 나타난 일반적인 현상이었으며 따라서 이것들을 과연 영국혁명의 인과적 요인으로 중요하게 생각할 수 있는지 의문이라는 비판이 이에 해당한다.[16] 그러나 이에 대한 반론에서 스톤은 통계의 부분적 오류를 인정하면서도 그 전반적인 추세를 강조함과 동시에, 귀족의 위기가 영국혁명의 원인으로 작용했다는 자신의 견해를 굽히지 않았다.[17]

튜더−스튜어트 시대에 귀족의 위기가 있었다고 하더라도, 영국 근대사의 전개과정에서 전통적 지배세력인 귀족과 젠트리는 정치, 경제, 사회적으로 계속 영향력을 발휘했으며 산업화를 겪으면서도 여전히 지배계급으로서의 위상을 견지하고 있었다. 혁명 이후 장기간에 걸친 헌정적 안정은 바로 이들의 역할에 힘입은 것이었다. 그렇다면 영국혁명 이후에도 토지에 기반을 둔 세력이 여전히 굳건한 정치적 영향력을 가질 수 있었던 이유는 무엇인가? 역사가들은 귀족사회가 중산계급의 일부를 흡인할 수 있었던 개방성에서 찾는다. 말하자면 벼락부자nouveau riche들의 상류사회 진입을 통해 기존 지배세력은 탄력적으로 사회적 지위를 유지할 수 있었다는 것이다.

초기에 이 같은 '귀족주도설'을 주장한 연구자들은 토지와 상업 간 부의 이동을 지주 경제의 측면에서 해석한다. 이를테면 스튜어트 시대 런던 상인은 시골 출신이 상당수였다. 그러나 상업에서 성공한 이들의 궁극적 목적은 자녀들이 귀족사회에 뿌리내리는 데 있었다.[18] 또한 내란 이후 토지와 상업 사이의 부의 이동이 활발했다 하더라도 그것은 상인보다는 주로 지주에게 유리한 방향으로 전개되었다는 견해가 있다. 물론 17세기에 좋은 귀족가문 출신으로 상업 분야에서 부를 축적해 다시금 토지자본으로 회귀한 사례는 소수에 지나지 않았고 중요하지도 않았다. 오히려 토지와 상업 사이에 부의 교환기회가 높아졌다는 것 자체가 귀족세력이 부를 축적하는 기반이 되었다고 할 수 있다. 그 결과 상업 분야를 귀족이 주도함으로써 상인 고유의 '자의식적 계급self-conscious class'이 출현하지 못했다는 것이다.[19]

이러한 '귀족주도설'은 16세기 이후부터 19세기까지 유럽 자본주의 발전을 선도한 영국의 역사적 경험에 걸맞지 않는다는 인상을 준다. 최초의 상업혁명, 최초의 농업혁명, 최초의 산업혁명 등 이른바 영국 근대사의 '최초 증후군'은 일반적으로 부르주아의 성장과 밀접하게 관련된다고 생각할 수 있기 때문이다.[20] 최근 한 세대에 걸쳐 영국사의 주류가 된 역사 해석은 19세기까지 정치·경제·사회·문화 등 여러 영역에서 귀족 지배의 성격을 강조한다. 개방귀족제open aristocracy론이야말로 이러한 해석의 종합판이라 할 수 있다.

해럴드 퍼킨Harold Perkin은 전산업시대 영국을 토지재산과 연줄patronage에 토대를 둔 개방귀족제 사회로 규정한다. 재산과 연줄이야말로 전산업사회를 지탱한 기본 원리였다. 여기에서 중요한 것은

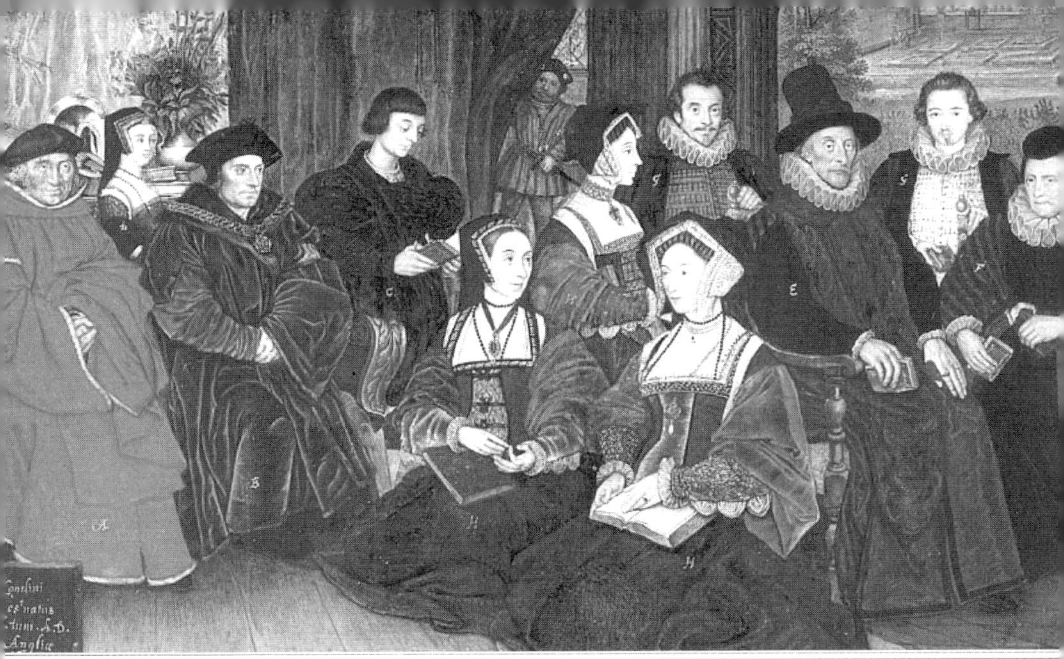

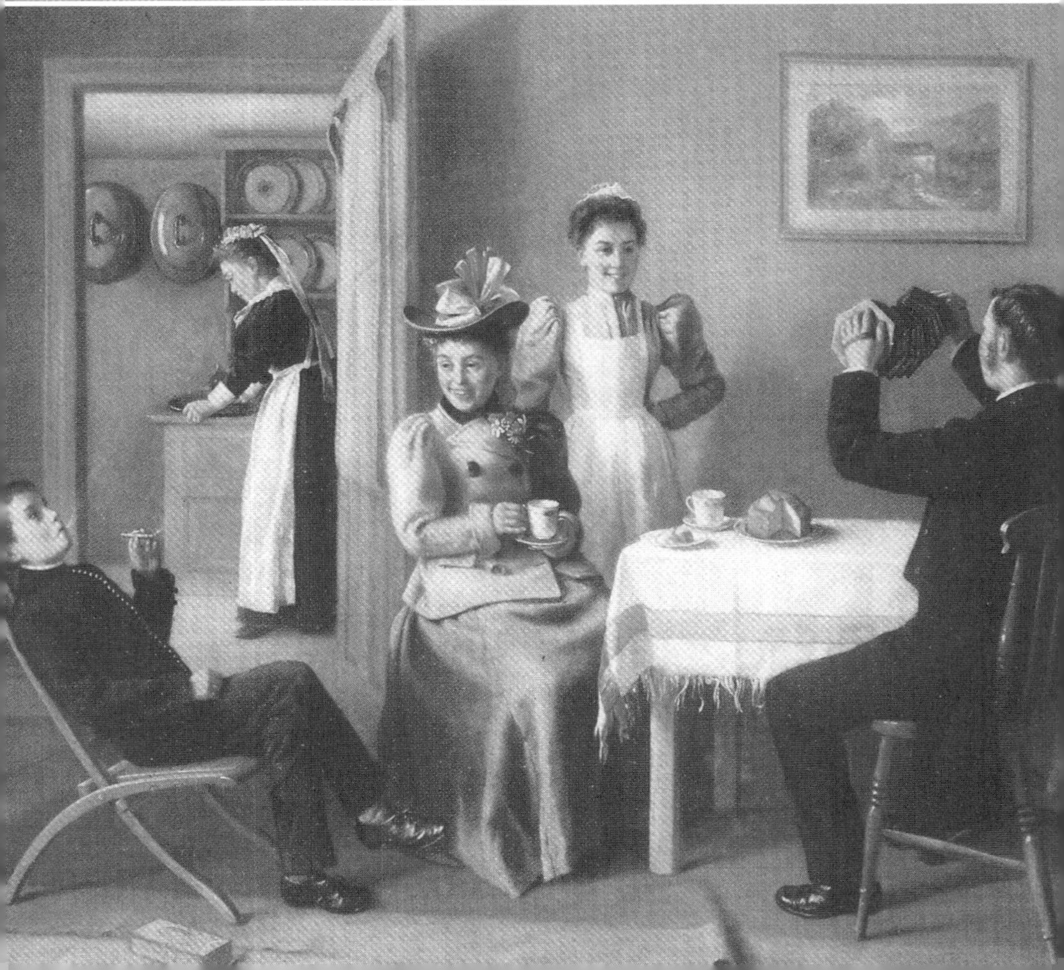

사회적 신분이 토지 소유의 정도를 결정짓는 것이 아니라 토지 소유가 그 사람의 지위를 결정짓는 요소로 작용했다는 점이다. 중산계급이 토지귀족으로 상승하는 사례가 많았고 이 개방성이 토지귀족의 적응력과 지속력을 강화하는 주된 동인이었다. 이러한 사회에서는 사회 이동이 어느 정도 허용되었기 때문에 사회갈등은 다만 잠재적으로만 남아 있을 뿐이었다.[21]

귀족사회에 대한 스톤의 학문적 관심은 《귀족의 위기》 출간 이후에도 오랫동안 이어졌다. 그는 특히 16세기 이래 수 세기에 걸친 영지 구입을 통해 상업에서 부를 축적한 사람들이 상류계급으로 흡수될 수 있었다는 전통적인 해석을 다시 검토하는 작업에 뛰어들었다. 그 연구결과는 스톤이 아내와 함께 펴낸 《열린 엘리트?》에 농축되어 있다. 이 책은 벼락부자들이 통설처럼 귀족사회에 대거 편입되었는지를 살피기 위해 1540~1880년간 토지 엘리트 구성의 변화 여부를 탐사한다. 1873년 이전에는 토지 소유와 관련해 적절한 조사가 없었기 때문에 이와 같은 연구는 방법상 매우 어려운 작업이라고 할 수 있다. 스톤 부부가 제시한 우회적인 방법은 일정한 수준 이상의 시골 저택 소유자와 귀족 엘리트를 동일시한다는 전제 아래 그 저택들의 소유 변화를 추적하는 것이었다. 이 경우 귀족 영지의 넓이와 수를 구체적으로 계산하는 데 따른 난점을 비켜가면서도 저택 소유자의 변화를 통해 벼락부자들의 귀족사회 진입 추이를 살펴볼 수 있다.

스톤 부부는 하트퍼드셔Hertfordshire, 노샘턴셔Northamtonshire, 노섬벌랜드Northumberland 등 3개 주를 대상으로 저택 소유자의 변화를 추적한다. 그들은 340년간 총 362채의 저택을 소유한 적이 있는 2,246

명의 인사를 분석했다. 분석결과에 따르면, 해당 기간의 저택 소유자 2,246명 가운데 그 저택을 새로 사들인 사람은 480명(20퍼센트)이었다. 구입한 사람의 3분의 2는 관료, 법률가, 사업가로 부를 축적한 사람이었고, 그 나머지는 다른 귀족가문 출신이었다. 더욱이 런던에서 가장 가까운 하트퍼드셔에서조차 새로 저택을 사들인 사람들 가운데 사업가 출신은 1760년 이후에도 10퍼센트를 넘지 못했다. 토지 엘리트의 개방성이라는 개념은 현실에 부합하지 않은 것이며 "새로운 상업적 또는 산업적 부가 대규모로 쉽게 상향이동한" 현상은 발견되지 않는 것이다.[22]

결국 《열린 엘리트?》는 영국 근대사에서 토지 엘리트층의 개방성에 관한 신화를 논파하려는 시도이다. 그렇다면 귀족사회가 생각보다 개방적이지 않았다는 것과 토지귀족의 지속적인 영향력을 어떻게 연결지을 수 있는가? 스톤 부부는 "영국 사회정치사의 특수성에 관한 열쇠"는 "토지 엘리트와 가문들의 위계구조 아래서 중산계급을 심리적으로 그들보다 더 아래 반열에 편입시키는 데 성공을 거둔 것"에서 찾아야 한다고 주장한다. 관리와 전문직 종사자 그리고 금전적 이해관계를 가진 상인과 제조업자들이 영국혁명 이후 꾸준하게 증가했지만, 그럴수록 가문의 위신을 추구하는 경향은 더 짙어졌으며, 중산계급 가운데 소수만이 토지를 구입할 수 있었다. 이러한 사회심리적 분위기는 중산계급 사이에 귀족적 가치와 생활을 모방하고 이에 동화하는 경향을 초래했다. 귀족 엘리트와 젠트리, 부유한 상인과 은행가, 제조업자와 일부 전문직 인사들 사이에 문화적 가치와 행동이 동질화되기 시작한 것이다. 영국 토지귀족이 보여준 지속성의 비밀은 바로 이와

같은 사회심리적 분위기에서 찾아야 한다는 것이다.[23]

스톤 부부의 《열린 엘리트?》는 분명 방대한 자료들을 섭렵해 귀족 사회를 추적한 노작임에 틀림없다. 그러나 중요한 것은 그들이 산출한 통계치가 과연 귀족사회의 폐쇄성을 입증할 만한 근거가 될 수 있는가라는 문제이다. 3개 주에 산재한 일정 수준 이상의 저택을 소유할 수 있는 사람들은 사회 위계의 최상층에 속한다고 할 수 있다. 따라서 10퍼센트라는 비율이 토지 소유 계급의 폐쇄성을 입증할 수 있는 유력한 근거라고 할 수 없다. 만일 귀족과 젠트리를 포함한 좀더 광범한 범주에 대해 조사할 경우 그 비율은 좀더 높아질 수 있는 것이다. 또 10퍼센트의 비율만 하더라도 사회 최상층이라는 점을 감안하면 그것은 결코 낮은 수치가 아닐 수도 있다.[24]

그러나 달리 생각하면, 이 수치의 해석 문제보다는 영국혁명 이래 수 세기 동안 귀족 지배구조와 헌정상의 안정이 어떻게 가능했는가라는 문제가 더 중요하다. 중산계급 일부의 충원을 넘어서 귀족사회가 사회·경제적 변화에 능동적으로 적응할 수 있는 능력을 보여주었다는 점을 주목해야 한다. 이런 점에서 16세기 이래 귀족과 젠트리의 시장지향적 태도와 적극적 역할에 바탕을 둔 경제활동을 영국 근대사의 특성으로 파악하는 '신사적 자본주의gentlemanly capitalism' 개념이 스톤 부부의 연구와 자연스럽게 연결될 수 있지 않을까 싶다.[25]

감성적 개인주의와 가족의 변화

원래 사회경제사 분야에서 연구활동을 시작한 스톤은 1970년대 이후 경제적 분석을 넘어 일상적 삶의 세계로 탐구의 눈길을 돌렸다. 《가족, 성, 결혼》은 이러한 작업의 중간결산서라고 할 수 있다. 사실 가족과 결혼에 대한 관심은 이전의 저술인 《귀족의 위기》에서도 부분적으로 드러난다. 스톤은 이 책 11장에서 1560~1640년 귀족 가족의 실태를 묘사한다. 그가 그린 귀족 가족은 가솔과 식객을 포함하는 대집단이었다. 남편 또는 아내의 사망으로 재혼하는 사례가 많았다. 부부간의 결혼 기간도 짧았을 뿐만 아니라 공식 또는 비공식적으로 가족원들이 별거하는 경우가 잦았다. 달리 말하면 가족의 와해가 거의 일상적이었다. 자식들 또한 부모와 함께 사는 기간이 길지 않았다. 어린 시절에는 유모에 의해 양육되었고 소년 시절 이후에는 교육 때문에 집을 떠나기가 일쑤였다. 요컨대 이 시기 귀족 가족은 정감과 애정이 아니라 법, 관습, 편의성으로 결합되었다는 것이다.[26]

《가족, 성, 결혼》은 스톤의 초기 관심사였던 귀족층뿐만 아니라 더 광범한 계층을 대상으로 16~18세기에 걸친 장기간의 가족 변화를 살피려는 시도이다. 이는 넓은 의미에서 일종의 문화 변동이라고 할 수 있는데, 그것은 가족 구성원들이 "배치arrangement, 구조, 관행, 권력, 애정, 성 등의 맥락에서 서로 관계를 맺는 방식"의 변화로 표현된다. 스톤이 주로 되묻는 것은 "개인이 서로를 어떻게 생각하고 취급하고 이용했는가, 신과 관련해 그리고 핵가족에서 국가에 이르기까지 다양한 수준의 사회조직들과 관련해 자신을 어떻게 생각했는가"라는 문제이다. 여기에서 그가 가장 중시하는 문화 변동은 가족 구성원들 사이의 소원한 관계distance, 복종deference, 가부장제 등에서 이른바 '감성적 개인주의affective individualism'로의 변화이다. 실제로 그는

감성적 개인주의의 출현이야말로 "수천 년 서구 역사의 정신세계에서 발생한 가장 중요한 변화"로 간주한다.[27]

스톤은 3세기에 걸쳐 진행된 가족 형태의 변화를 전체사 서술을 통해 재구성하려고 했다. 이를 위해 적어도 여섯 가지 차원의 풍부한 내용들을 기술한다. 우선 생물학적 차원이 있다. 이는 출생과 사망 또는 결혼과 같이 가족의 구조를 지배할 뿐만 아니라 가족 생활의 감성에 영향을 미치는 사실들로 구성된다. 사회적 차원은 가족과 다른 사회조직, 특히 친족·이웃·학교·국교회 등의 관계가 주된 내용을 이룬다. 정치적 차원도 무시할 수 없다. 가족 성원 사이의 권력분배, 어른과 연소자, 남편과 아내, 부모와 자식 간에 존재하는 권위와 복종의 패턴이 핵심 내용이라고 할 수 있다. 경제적 차원으로는 재산 이전방식으로서의 결혼, 생산단위로서의 역할, 소비, 가족원 내부의 분업 등을 들 수 있다. 심리적 고려 사항으로는 개인의 삶에서 가족이 미치는 영향, 부모와 자식 사이의 심리적 관계, 부부관계, 형제관계 등 다양한 관계망을 다룬다. 마지막으로 성적 차원은 배우자의 선택, 성생활 등의 내용을 포함한다.[28] 그는 이와 같은 여러 가지 사항의 변화를 중심으로 가족 형태의 변화를 기술한다.

800쪽에 이르는 방대한 분량에도 불구하고 《가족, 성, 결혼》에서 스톤이 내세우는 논지는 비교적 단순하다. 1500~1800년에 영국의 가족은 개방적 친족 가족open lineage family에서 제한적인 가부장적 핵가족restricted patriarchal nuclear family을 거쳐 폐쇄적인 가정 중심 핵가족closed domesticated nuclear family으로 변모했다는 것이다.[29] 물론 이러한 변화가 시기적으로 확연하게 구분되는 것은 아니다. 개방적 친족 가족은 1450~1630년에, 가부장적 핵가족은 1550~1700년에, 폐쇄적인 가정 중심 핵가족은 1640~1800년에 발전하는 것으로 서술된다. 그렇다고 하더라도 스톤은 영국 근대사회에서 가족 형태가 이와 같은 단선적인 변화의 추세를 보여준다는 점을 확신한다.

이 세 가지 가족 형태를 개략하면 이렇다. 먼저 개방적 친족 가족은 매우 애매한 표현인데, 스톤 자신도 좀더 적절한 용어가 없어 이러한 표현을 썼다고 실토한다. 그가 이렇게 부른 것은 두 가지 두드러진 특징, 즉 "외부의 영향에 취약하다는 점"과 "그 가족원들이 죽은 선조와 살아 있는 친족에 대해 충성심을 가졌다는 점" 때문이다. 당시 가족을 구분하는 주된 경계는 바로 친족이었다. 이것은 "개인의 자율성이나 사생활"이 별로 존중되지 못한 단계였다.[30] 더욱 놀라운 사실은, 오늘날의 관점에서 이 가족 형태를 보면 가족원 상호간에 정서적 유대감이 거의 존재하지 않는다는 점이다. 스톤은 이 점을 다음과 같이 기술한다.

사회적 수준에서 16세기와 17세기 초의 정서적 관계에 관해 확실하게 말할 수 있는 것은 일반적으로 냉랭함, 조종, 복종과 같은 심리적 분위기가 있었다는 것, 높은 사망률이 깊은 가족관계를 쓸모없게 만들었다는 것, 결혼은 경제적·사회적 이유로 부모와 친족이 맺어주며 아이들에 대해서는 최소한의 관심만 가질 뿐이라는 것, 부모와 자식 간의 긴밀한 유대를 입증하는 전거를 찾기가 불가능하지는 않지만 어렵다는 것, 남편과 아내 사이의 친밀한 애정의 증거도 애매하고 드물다는 것 등이다. 더욱이 영혼 불멸과 구원에 대한 믿음은 아이나 배우자 또는 부모를 잃었을 때 솟구쳐오르는 슬

품을 완화시켰던 것이다.[31]

  다음으로, 1550~1700년의 시기에 지속된 가부장적 핵가족은 시기적으로 이전의 형태와 겹치면서도 가족의 경계 안에 포함되던 구성원들, 이를테면 친척과 친족, 후견인이나 이웃에 대한 애착이 점차 쇠퇴하는 특징을 보여준다. 이와 같은 종래의 애착은 "특정한 종파나 국교회에 대한 좀더 보편적인 충성심"으로 대체되었다. 그 결과 가족의 경계 인식boundary awareness이 핵가족으로만 한정되었으며, 이제 가족은 친족이나 이웃의 영향에서 벗어나 좀더 폐쇄적인 특징을 띠게 되었다.

  이 변화는 16, 17세기에 주로 중간계급과 상류계급의 가족에게서 먼저 나타났다. 스톤에 따르면, 가족 경계에 대한 인식의 변화에서 돋보이는 현상은 가장家長의 영향력 증대이다. 가족 안에서 아버지로서 그리고 남편으로서 가장의 권위를 신장시킨 요인으로는 여러 가지를 들 수 있다. 우선 권위주의적 국가가 가족 안에서 가장의 권위를 강조함으로써 통치의 기반을 확고히 하려고 했을 뿐만 아니라, 종교개혁가들 또한 가정을 교회 못지않게 중요한 "도덕적·종교적 통제기구"로 간주했다. 더 나아가 칼뱅주의의 원죄론이 전파되면서 "악마를 물리치고 사악함을 응징하기 위해 어린이에게 엄격한 조치를 취할 필요성"이 강조되기도 했다.[32]

  이 핵가족의 기능은 점차 "유아와 어린이의 양육 및 사회화"에, 그리고 "남편과 아내 사이의 경제적, 정서적, 성적 충족"에 국한되기 시작했다. 좀더 제한되고 특화된 기능을 가진 이 핵가족 안에서는 아내에 비해 남편에게, 그리고 자식들에 비해 아버지에게 권한이 점점 집중되었다. 가장은 이제 친족의 간섭도, 그 자신의 속박이나 아내의 간섭도 덜 받게 되었다. 그는 자녀의 교육에 좀더 많은 관심을 쏟았고, 그에 따라 자녀에 대해 이른 나이부터 더 심하게 간섭하기 시작했다.[33] 이 과정에서 가부장의 권위가 다시 강해지는 일종의 순환 고리가 형성되었던 것이다.

마지막으로, 가족 변화의 세 번째 단계는 가정 중심의 핵가족 출현이다. 이 형태는 대체로 1640~1800년 사이에 점진적으로 나타났다. 이 형태가 두 번째 단계의 가족과 구별되는 특징은 핵가족을 중심으로 하면서도 가족 안에 새로운 정감과 애정을 매개로 밀접한 유대감이 조성되었다는 점이다. 스톤은 이러한 정서를 '감성적 개인주의'라고 부른다. 이 단계에 이르러 친족에 대한 유대감은 완전히 사라지고 남편과 아내, 부모와 어린 자녀 사이의 정서적 유대가 강화되면서 그와 동시에 가족의 자율성이 신장되고 있다. 감성적 개인주의의 성장과 더불어 가부장의 권위는 자연스럽게 약화되었다. 배우자 선택에서 자유연애의 풍조가 나타났고 지참금보다 사랑을 더 소중하게 여겼으며 자녀 교육에 대한 관심도 이전보다 한층 더 높아졌다. 스톤은 이 단계의 전반적인 변화를 이렇게 묘사한다.

[이 단계야말로] 아주 중요한 변화였다. 왜냐하면 이 새로운 가족 형태는 감성적 개인주의 대두의 산물이었기 때문이다. 그것은 개인 자율의 원리를 기반으로 조성된 가족이었고 강한 애정으로 묶여 있었다. 남편과 아내는 부모의 바람을 지키기보다는 스스로 배우자를 골랐으며, 대체로 그 주

된 동기는 친족을 위한 경제적 또는 신분적 편익보다는 오히려 오래 지속되는 개인적 감정이었다. 아이들을 양육하는 일에 갈수록 시간, 정력, 돈, 부모의 사랑을 더 쏟게 되었고, 어린 나이라고 해서 아이들의 의사를 강제로 무시할 필요성이 있다고는 더 이상 생각하지 않았다.[34]

이 연구에서 핵심은 개방적 친족 가족과 가정 중심의 핵가족을 거의 이분법적으로 대조하고 있다는 사실이다. 가족간 유대감이 없는 전근대적 가족에서 애정에 바탕을 둔 근대적 가족으로의 이행이라는 단선적 진화를 강조한다는 점에서 스톤의 견해는 기본적으로 근대화 모델에 토대를 둔 것이다. 그렇다면 전근대적 가족에 애정의 감정이 전혀 없이 소원함과 거리감만이 퍼져 있었던 까닭은 무엇인가? 스톤은 두 가지 요인을 거론한다. 하나는 가족의 경계가 불분명했다는 점이다. 분명한 경계가 없기 때문에 가족은 "외부나 이웃 또는 친족의 지원, 충고, 감시, 간섭"을 받기가 쉬웠으며 가족 구성원간의 사생활은 존재할 수 없었다는 것이다.[35] 다른 하나는 인구학적 요인에 따른 가족관계의 불안정이다. 당시에는 부부가 함께 사는 기간도 양측 가운데 어느 한 쪽의 조기사망에 따라 20년을 넘지 못했고, 자녀들이 15세 이전에 사망하는 비율도 거의 30~40퍼센트에 이르렀다.[36] 가족관계가 쉽게 깨어졌을 때의 충격과 공포를 피하기 위해 사람들은 서로 깊은 애정을 쏟지 않았다는 것이다.

우선 결혼은 "일시적이고도 잠깐 동안의 결합"이었으므로 남편과 아내 사이에 깊은 애정이 없었다. 높은 유아 사망률 때문에 부모는 "그들의 정신적 안정을 도모하기 위해 아이들과의 심리적 관계를 제한하지" 않을 수 없었다.[37] 특히 자녀에 대한 부모의 냉담함과 무관심은 현대인이 이해할 수 없을 만큼 극심한 것이었다. 스톤은 이렇게 말한다. "설사 어린이들이 진짜 경제적으로 자립하지 못한 귀찮은 존재로 취급받기를 원하지 않았다고 하더라도, 부모가 기대수명이 아주 짧은 아이들에게 정서적으로 깊은 관심을 쏟는다는 것은 무모한 일일 수도 있었다."[38] 전산업시대 가족 안에서 아동의 위치가 불안정했고 냉담한 정도가 아니라 오히려 가혹하게 취급받았다는 사실은 이미 필립 아리에스Philippe Ariès가 주장한 바 있다.[39] 스톤은 대체로 아리에스 견해의 연장선에서 16, 17세기 잉글랜드 귀족의 사례를 좀더 세밀하게 투사한 셈이다.

한편, 스톤은 이 같이 냉담한 가족관계가 애정에 바탕을 둔 관계로 바뀌게 된 요인도 인구학적 측면에서 찾는다. 우선 부부의 결혼기간이 이전보다 길어지면서 동반자로서의 부부관계가 정립되기 시작했다. 이미 17세기 전반에 리처드 백스터Richard Baxter나 윌리엄 퍼킨스William Perkins 같은 설교자들이 부부의 동료관계를 강조했다.[40] 수입과 지위에 대한 야심보다도 애정적 만족이라는 관점에서 미래의 배우자를 선택하려는 경향이 나타났다. 자녀에 대한 태도의 변화도 스톤은 동일한 관점에서 설명한다.

아동지향적인 사회가 발전하는 데에는 어린이의 조기 사망 감소가 필수적이다. 경제학자들의 언어를 사용한다면, 아동의 가치는 그들의 생존 가능성이 개선될 때 높아진다. 비록 그들의 양육비도 아울러 높아지지만 말이다.[41]

아동에 대한 애정과 관심이 고조되던 시대에 귀족과 젠트리 가족의 자녀 수가 감소하는 것은 흥미로운 일이다. 스톤이 지적한 대로, 양육비 상승과 자녀 수 감소 사이에 어떤 인과관계가 있는 것일까? 스톤은 자신이 수합한 자료를 토대로 평균 자녀 수의 변화를 검토한다. 16세기에 귀족 및 젠트리 가족의 자녀 수는 평균 5명이었다. 그 숫자는 17세기 전반에 오히려 증가하다가 1660년을 정점으로 다시 감소추세로 반전된다. 1700년경에 그 숫자는 5명 이하로 떨어졌고 같은 세기 중엽에는 4명 수준을 기록하고 있다.[42] 자녀 수가 감소할수록 그들에게 쏟는 관심과 애정의 정도가 더 짙어졌으리라는 것은 상식적으로 생각할 수 있다. 요컨대 17세기 이후 감성적 개인주의의 출현과 더불어 오늘날 우리에게 친숙한 가족관계가 널리 퍼진 것이다.

스톤의 연구는 출간 이후 많은 논란을 불러왔다. 이러한 논란은 상당 부분 너무나 단정적으로 변화과정을 설명하는 스톤의 어조 때문에 증폭된 것이다. 우선 그가 설명하는 가족 변화가 단선적인 진화 모델에 의존하고 있다는 비판이 있다. 물론 스톤도 "공동사회Gemeinschaft에서 이익사회Gesellschaft로의 추세를 정확하게 확인한다고 하더라도 가족 변화가 지속적이고 단선적인 운동은 아니다"라고 스스로 경고하고 있지만,[43] 그런데도 그의 전반적인 논조는 단선적 진화 모델이라는 인상을 주기 쉽다. 더 나아가 가족원 사이의 냉담함과 애정을 사망률의 변동에서 찾는 인구결정론적 시각이나 또는 소수의 귀족 및 젠트리 가문의 사례를 일반화하는 성급함에 대한 비판도 있다. 좀더 근본적으로는 전근대사회에서도 부부간 또는 부모와 자녀 간의 사랑과 애정이라든가, 가족 구성원의 사망을 애통해하며 비탄에 잠기

는 등의 증거를 많이 찾을 수 있다는 지적도 그냥 외면하기는 어려울 것이다.[44]

설사 17~18세기 이후 가정 중심의 핵가족 출현을 인정한다 하더라도 그 과정을 스톤과 다른 시각에서 설명할 수도 있다. 스톤은 귀족과 젠트리 가문의 사례를 통해 정감과 애정으로 연결된 가족의 출현을 언급하지만, 이와 같은 경향은 특히 상인 가정에서 두드러지게 나타났고 그 변화를 주도했다는 견해가 있다.[45] 18세기 런던 도심에는 전람회·박물관·인형극·서커스 등 어린이의 흥미를 자아내는 시설물과 행사가 곳곳에서 세워지거나 열렸다. 이 또한 당시의 새로운 변화를 반영하며 그 시설의 주요 고객은 런던 상인층이었을 것이다. 18세기 복음운동evangelicalism도 '폐쇄적 가정' 의 출현에 적지 않은 영향을 미쳤다. 그 운동은 가정의 평화와 구원을 연결했다. 남편과 아내, 부모와 자녀 사이의 애정과 유대야말로 기독교인이 받는 축복의 징표였다. 구원의 적은 가족 사이의 증오와 질시, 그리고 가정의 평화를 깨뜨리는 바깥의 온갖 유혹이었다. 복음운동가들은 외부의 유혹에서 멀리 떨어진 가정, 그리고 애정이 충만한 그 가정의 수호자로서 아내의 모습을 내세웠다는 것이다.[46]

최근 마크 포스터Mark Foster는 포스트모더니즘의 시각에서 스톤의 가족사 연구를 비판한 바 있다. 스톤은 역사 연구의 새로운 경향을 언급하면서, 현실의 확실성에 대한 믿음을 설파한다. 그는 역사학이 언어에 의존한다고 하더라도 언어와 세계 사이의 조응을 포기할 수 없다고 주장한다.[47] 포스터는 스톤의 '감성적 개인주의' 라는 개념이 너무 모호하다는 점을 지적한다. 더욱이 스톤은 근대 초기 사람들의 정

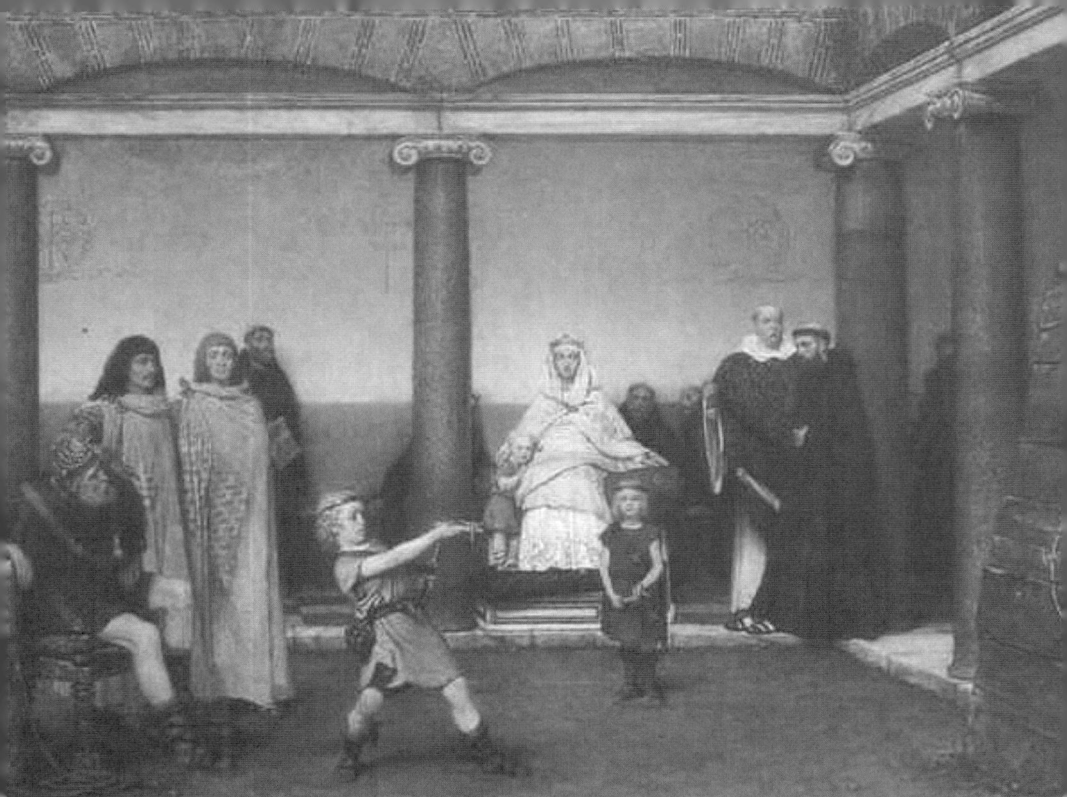
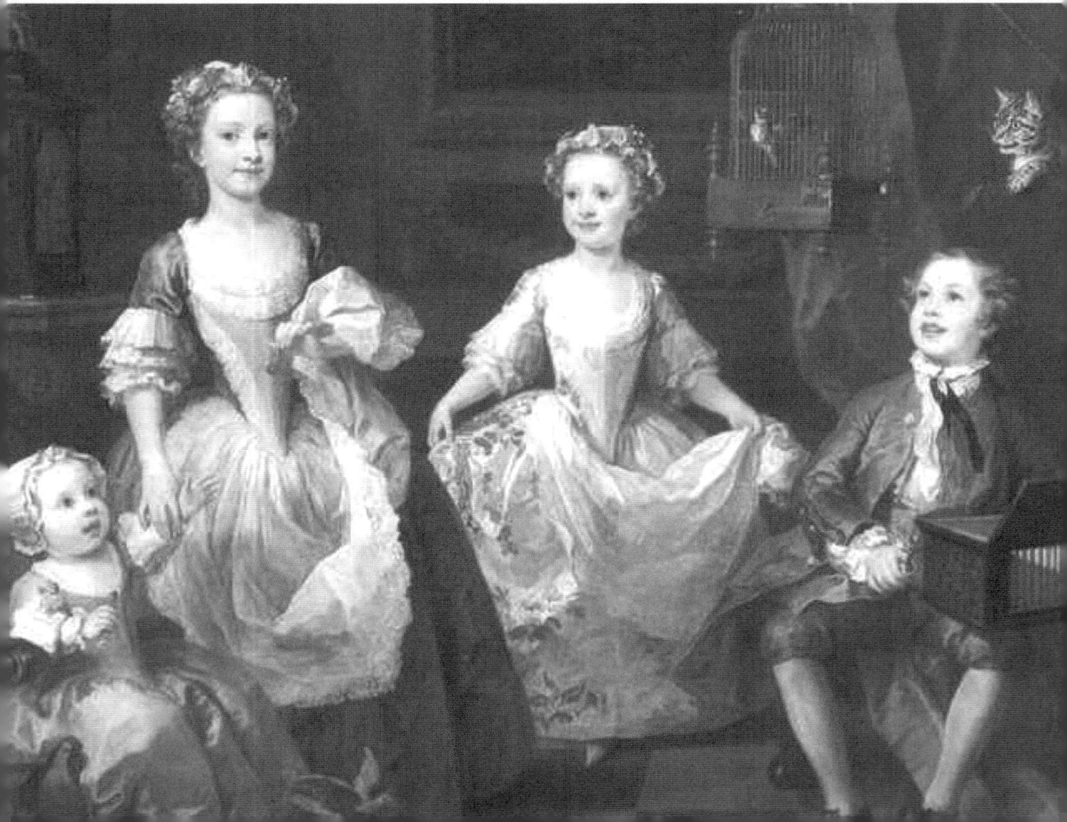

서적 변화를 그대로 나타내려 하지만, 과연 그들의 정서를 나타내는지, 아니면 스톤 자신의 주체적 인상을 표현한 것인지 명확하지 않다는 것이다. 더욱이 스톤은 가족 변화를 인과적으로 설명하는 과정에서 심각한 잘못을 저지르고 있다. 예를 들어 스톤은 가정 중심 핵가족 출현 이전에 일반적으로 부모와 자녀의 관계가 매우 소원했던 것은 높은 유아 사망률 때문이었다고 주장한다. 그러나 이러한 설명은 스톤 자신의 기준일 뿐, 근대 초기에 살았던 사람들의 내면세계를 알려주지 않는다는 것이다.[48]

역사 속의 결혼과 이혼

스톤은 가족사 연구와 함께 결혼제도의 변천과 이혼의 사회사적 의미를 탐구하는 데에도 관심을 기울였다. 《가족, 성, 결혼》에서도 부분적이기는 하지만 근대 초기 결혼제도와 그 변화과정을 설명하고 있다.[49] 그러나 스톤이 이 주제에 본격적으로 뛰어들게 된 것은 캔터베리 대주교 재판소Court of Arches의 재판기록집Process Books을 마이크로 필름으로 복사하는 작업에 참여하면서부터였다.[50]

산업혁명 이전에 캔터베리 대주교 관구는 지도상으로 머지Mersey 강에서 험버Humber 강까지 대각선으로 이은 선 아랫부분에 위치한 모든 교회를 관할 아래 두었다. 그 당시로는 잉글랜드와 웨일스 전체 인구의 약 3분의 2가 이 관구에 거주했을 것이다. 대주교 재판소는 관구에 속한 모든 교회법정의 재판에 대한 항소법정이었다. 스톤은 8년여에 걸쳐 이 재판소 기록뿐만 아니라 노리치, 체스터, 코번트리 및

리치필드, 우스터, 글로스터, 엑서터 등지의 교구법정provincial consistory court 기록과 런던 교구법정London consistory court 기록들을 수합했다.[51] 스톤의 《이혼행로》는 이들 기록 중 결혼·성·도덕 등과 관련된 소송 사건을 세밀히 검토해 16세기 이래 오늘날까지 결혼제도의 변화와 그리고 특히 이혼의 제도화 및 관행화를 추적한 저술이다.[52] 이혼의 만연이야말로 근대적 가족이 사실상 해체되고 있다는 유력한 증거가 아니겠는가.

800년 전만 하더라도 서구 기독교 세계에서는 중세 교회법의 제약 많은 도덕률 때문에 이혼이 사실상 불가능했다. 오직 로비와 뇌물을 통해 로마교회로부터 결혼 취소 허가를 받을 수 있는 부유하고 권세 가진 사람들만이 예외였다. 이와 대조적으로 몇 년 전에 미국의 한 법관이 11년 동안에 한 여성에게 16회나 이혼 판결을 내렸다. 오늘날 잉글랜드에서 이혼은 사법적 절차라기보다는 오히려 행정절차가 되었으며, 이혼하는 부부의 숫자가 너무 많기 때문에 불가피하게 컨베이어벨트와 같이 빠르게 그리고 비인격적 방식으로 처리되고 있다. 잉글랜드에서는 결혼한 부부 3쌍에 1쌍(미국에서는 2쌍에 1쌍)이 법정 이혼으로 끝맺을 것이다.[53]

스톤에 따르면, 이제 이혼은 죽음이나 세금 못지않게 문화와 삶의 경험에서 핵심적인 문제가 되었다. 그는 이렇게 되묻는다.

이혼을 절대 금지하던 중세적 상황에서 어떻게 그리고 언제 이와 같은 상황으로 바뀌게 되었는가. 간통의 경우에만 이혼을 정당화하던 것이 어떻게 양측의 단순한 성격 차이를 비롯하여 결혼생활의 갖가지 결함만으로도 가능하게 되었는가. 공식적인 파경이 어떻게 스캔들에서 알쏭달쏭한 일상사로 변했는가.[54]

《이혼행로》 1부는 16세기 이래 결혼의 변화를 다룬다. 1563년 트렌트Trent 공의회 이후 가톨릭 국가들에서는 혼인법이 근본적으로 바뀌었다. 그것은 이제까지 다양하게 치러진 결혼을 교회의 통제 아래 통합하려는 조치였다. 즉 사제 및 2~3인의 증인 앞에서 거행된 공식적인 교회결혼식을 거쳐 교구대장에 혼인신고를 한 경우만을 정당한 결혼으로 인정하는 내용을 담고 있었다. 그러나 프로테스탄트 영국에서는 중세 혼인법이 그대로 이어졌다. 1753년 이전만 하더라도 결혼은 상당수가 국가나 교회의 통제 밖에서 이루어졌던 것이다.

공식적인 결혼 또한 다양한 절차가 있었다. 상류층의 결혼에서 첫째 단계는 양측 부모들 간의 계약서 작성, 둘째 단계는 증인 앞에서 두 사람의 결혼 서약(즉 약혼), 셋째 단계는 3회에 걸친 교회결혼식 예고, 마지막 단계에서 교회결혼식을 올린 후 잠자리를 함께하는 것이었다. 교회는 당연히 결혼식을 결정적인 것으로 간주했으나, 법률가들은 오히려 약혼을 더 중시했다.[55]

그러나 세 번에 걸쳐 결혼을 서약하는 약혼의 경우에도 두 가지 서로 다른 방식이 있었다. 당시 교회법은 현재형 시제per verba de presenti 서약과 미래형 시제per verba de futuro 서약을 구분했다. 두 사람의 서약을 지켜본 증인들의 확인이 있다고 하더라도 "나는 그대를 나의 아내/남편으로 맞습니다"라는 서약은 완전한 구속력을 가진

반면에, "나는 그대를 나의 아내/남편으로 맞이할 것입니다"라는 표현은 이후 잠자리를 함께 갖지 않는 한 구속력이 없는 것이었다. 결국 두 남녀의 성관계가 현재형 서약과 같은 효력을 지녔다고 할 수 있다. 이밖에도 조건부 서약, 즉 "나는 그대의 부친이 동의한다면 그대와의 혼인을 서약합니다"라는 표현이 있었다. 이 경우 부모나 또는 서약에서 거론된 당사자가 거절하면 구속력이 없었다.[56] 당시 지배 엘리트는 약혼을 거쳐 공식적인 교회결혼식을 올렸지만, 서민들의 상당수는 약혼, 즉 서약결혼contract marriage으로 끝냈다. 교회가 약혼을 그대로 혼인으로 인정한 것은 놀라운 일이나, 이와 같이 복잡한 관행들이 병존했기 때문에 소송사건이 일어나면 법적 해석을 놓고 이견이 분분할 수밖에 없었다.

스톤에 따르면, 14~18세기까지 영국의 혼인법은 혼란 상태나 다름없었다. 왜냐하면 교회가 결혼서약의 법적 효력을 인정한 반면, 관습법상 공식적인 교회결혼식 없이 이 결혼서약만으로 재산이전에 관련된 권한을 갖지 못했기 때문이다. 수 세기 동안 재산이전 문제를 둘러싼 분쟁을 다루면서 교회법정은 점차 서약을 입증하는 일 외에 모든 문제들에 대한 판결을 회피하기에 이르렀다.[57] 물론 교회는 공식적인 교회결혼식을 강력하게 요구했지만, 상류층이 아닌 일반 서민들 사이에서는 결혼서약을 거친 후 교회가 아닌 다른 곳에서 혼인식을 거행하는, 이른바 비밀결혼clandestine marriage이 성행했다.[58] 1696~1712에 의회는 비밀결혼을 막기 위해 여러 가지 노력을 기울였는데, 이는 비밀결혼의 성행에 따른 혼인세와 인지세 수입 감소를 우려했기 때문이었다. 그러나 이를 위한 일련의 입법은 효력을 거두

지 못했다. 특히 런던 시민들 가운데 교회가 아니라 옛날 플리트 교
도소Fleet Prison 건물터에서 비밀결혼을 거행하는 관행이 선풍적인
인기를 끌었다.[59]

스톤은 1660~1753년에 비밀결혼의 폭발적인 증가를 특히 주목한
다. 국가와 교회의 끊임없는 권유와 강요가 있었음에도 서민층에서
이런 식의 결혼이 성행한 이유는 무엇인가? 이 현상은 법과 법의 집
행 그리고 여론 사이의 관계에 대해 많은 사실을 알려준다. 결국 이
시대는 사생활에 대한 요구가 모든 사회계층에게서 점증하고 있었다.
스톤에 따르면, 이러한 분위기가 "법과 교회법정의 기소와 징벌이라
는 방파제"를 무너뜨린 것이다.[60]

1753년 대법관 하드위크 백작Lord Hardwicke[61]은 비밀결혼을 근절
할 법안을 상정했다. 법안은 교회결혼 청첩장bann을 돌리지 않고 교
회의 공식 허가를 받지 않거나, 또는 미리 정한 시간에 교회에서 성직
자의 집전으로 의식을 거행하지 않은 결혼을 모두 무효로 하는 내용
을 담고 있었다. 이밖에도 플리트 교도소에서 돈벌이하는 성직자들의
활동을 금지하고, 부모의 동의 없는 21세 미만 남녀의 결혼이나 단순
한 서약만을 거친 약혼이나 교구기록에 등재하지 않은 결혼을 모두
무효화하는 내용을 아울러 포함하고 있었다.[62] 스톤은 1753년 법이 사
실상 효력이 없었다는 점을 인정한다. 사적 자유와 사생활에 대한 요
구가 법적 통제를 무력하게 만든 좋은 보기이다.

다음으로 《이혼행로》 2부는 16세기 이래 별거와 이혼의 다양한 사례
들을 다룬다. 스톤에 의하면, 근대 초 영국에서 이혼할 수 있는 방식은
다섯 가지였고, 그 가운데 둘은 법정 소송을 포함했다. 첫 번째 방법은

교회법정에 별거 소송을 내는 것이었다. 이 경우 간통이나 폭력의 증거가 있으면 즉시 소송에서 이길 수 있었다. 두 번째 방법은 의회법에 의거해 재혼서약을 조건으로 이혼하는 것이었다. 이는 특히 1690년 이후에 가능했지만, 이 법을 통해 이혼을 얻어낸 경우는 극소수에 지나지 않았다. 세 번째 방법은 사적 별거였다. 이것은 두 배우자 간의 합의에 의한 것이었다. 이 밖에도 강제로 아내를 내쫓거나 매매하는 경우도 가끔 볼 수 있었다.[63]

이 가운데 스톤이 주목한 것은 법적 절차 없이 부부가 합의해 갈라지는 사적 별거private separation였다. 이런 식의 별거는 특히 18세기에 폭발적으로 증가했는데, 이는 감성적 개인주의의 성장이나 사생활의 확대와 같은 사회 분위기의 변화가 있었음에도 기존의 혼인 관련법이 폐쇄적이었기 때문이다.[64] 당시 국가와 교회가 사적 별거를 수용할 것이라고 기대할 수는 없었다. 그 문제는 19세기 중엽에 이르러서야 공적 담론의 주제로 다시 등장했다.

스톤은 별거한 부부들의 사례를 검토하면서 특히 18세기 이후 부부 가운데 아내 쪽에서 아이들에 대한 관심이 증폭되고 있었다는 점을 주목하기도 한다. 사적 별거는 1640년대 이전에도 간혹 있었으나, 공식적으로는 1650년대부터 나타난 것처럼 보인다. 스톤이 이렇게 단정하는 근거는 무엇인가. 우선 1658년에 사적 별거의 정당성 여부를 둘러싸고 법정 논란이 치열하게 벌어졌고, 이에 따라 법으로 별거조항을 시행해야 하는지 법률가들이 심각하게 논의하기 시작했으며, 마침내 1730년대에 이 문제에 관련된 표준적인 법률용어가 정착되었기 때문이라는 것이다.[65]

사실 17세기 후반과 18세기 초에 계약이라는 개념이 정치적 · 법적 제도를 통해 널리 퍼졌다. 이는 특히 존 로크John Locke의 사상에 힘입은 바 컸을 것이다. 그는 계약의 개념으로 국가 형성의 기반을 설명하려고 했지만, 부유한 사람들은 사적 계약을 통해 이혼을 공식화하는 계기를 만들기 시작했다. 스톤은 여러 가지 사례를 들어 사적 별거의 유형을 소개한다. 예컨대 1677년 향신 리처드 앨프라이Richard Alfrey와 그의 아내 메리는 별거에 합의했는데, 이는 남편의 간헐적인 구타 때문이었다. 아내는 별거를 선택하면서 장신구와 의상 등 자신이 원하는 물품을 소지하고 막내 아이를 데려가 8세까지 기를 수 있는 권리를 보장받았다. 남편은 별거한 아내에게 매년 25파운드의 생활비와 그 외에 아들 양육비로 10파운드를 부담하기로 했다. 그 대신 아내 메리는 별거기간에 자신의 채무를 스스로 해결할 책임을 떠맡았다.[66]

왜 사적 별거가 관심을 끌었는가? 우선 남편에게 아내의 사통에 따른 법적 이혼은 분명 생활비 지급의 의무를 면제받을 수 있는 이점이 있었지만, 그 대신에 집안의 수치스러운 일이 공개될 위험이 있었다. 이를 꺼리는 사람이라면 기꺼이 법적 이혼보다는 사적 별거 방식을 택할 것이었다. 이러한 방식은 아내의 유죄를 입증하지 않은 채 아내를 떼어놓으려는 남편들에게 인기가 있었다. 더욱이 매년 일정 생활비를 지급하면서도 별거 후 아내의 채무에 대해서는 책임을 지지 않았다.[67]

반면, 아내도 이전에 없었던 여러 가지 자유를 누릴 수 있었다. 먼저 경제적 자유가 있었다. 별거 후에는 독립된 인격으로서 각종 계약의 당사자가 될 수 있었다. 이것은 "남편과 아내는 하나이며 남편이 바로 그 하나"[68]라는 부부일체comjugal unity의 원리와 대조적이었다. 다음으로 남편의 지배에서 벗어나 인신적 자유를 획득했다. 이와 더불어 자신이 원하는 곳에서 거주할 자유도 있었다.[69] 결국 사적 별거는 사통이나 폭력과 같은 유죄의 증거를 밝히지 않고서는 공식적으로 갈라설 수 없는 여러 가지 형태의 파경을 해결할 수단이었기 때문에 인기를 끌었다. 스톤에 따르면, 실제로 1857년 이혼법은 이전부터 관행으로 굳어진 사적 별거의 내용과 별 차이가 없었다.[70]

사실 스톤의 혼인과 이혼의 사회사 프로젝트는 《이혼행로》의 출간으로 완결되지 않았다. 그는 그 이후에도 결혼, 간통 등에 관련된 소송사건 기록을 치밀하게 들춰내어 과거 개인들의 삶을 생생한 연대기로 재구성했다. 1992년과 93년에 연이어 펴낸 두 권의 저술, 《불확실한 혼인Uncertain unions》과 《파경의 삶Broken Lives》이 바로 결과물이다. 앞의 저술은 주로 1753년 이전의 혼인 사례들을, 그리고 뒤의 것은 1857년 이전의 이혼 사례를 소개한다. 스톤은 교회법정 기록을 치밀하게 읽으면서 과거에 살았던 사람들의 마음과 정신에 침투하려고 노력한다. 그는 이러한 독법을 '훔쳐보기voyeurism'라고 불렀다. 사실 훔쳐보기는 소설 쓰기의 전제조건 중 하나다. 역사가들 또한 작가가 그러하듯이, 죽은 사람의 사생활에 침투해 들어갈 수 있지 않겠는가. 스톤은 훔쳐보기야말로 사회사 서술의 필수 기법의 하나가 되어야 한다고 역설한다. 이렇게 함으로써 일찍이 내러티브 역사의 부활을 주장했던 그는 문학적 역사 쓰기를 몸소 실천할 수 있었던 것이다. 스톤은 《이혼행로》에서 앞으로 펴낼 두 저술을 소개하면서 다음과 같이 자신의 계획을 은밀하게 알려준다.

[이들 두 책의] 사례 연구들에서 망자는 무덤에서 다시 일어나 그들이 보고 듣고 느끼고 생각한 것을 그들 자신의 언어로 우리에게 말한다. 이들 자료를 읽는 독자들은 사실상 역사적인 엿보기꾼이 되어서, 열쇠 구멍이나 밀실의 갈라진 틈 또는 목적을 가지고 의도적으로 뚫어놓은 구멍을 통해 훔쳐보든지, 아니면 벽에 귀를 바싹 들이대고 엿듣는 것이다.[71]

스톤을 위한 묘비명

로렌스 스톤. 그는 분명히 20세기 역사학에서 거장의 반열에 오를 수 있는 역사가였다. 그는 유행을 선도하지는 않았지만, 항상 촉각을 곤두세우고 인접 사회과학 분야의 새로운 사조와 학문적 축적에 관심을 기울였다. 청나라 장학성張學誠(1738~1801)의 《문사통의文史通義》에 나오는 말이라고 기억된다. 모름지기 훌륭한 역사가가 되기 위해서는 세 가지 조건을 갖추어야 한다. 하나는 옳고 그름을 판단할 수 있는 의義 또는 분별력이고, 다른 하나는 끊임없이 사실에 접근하여 얻어 낸 지식이며 또 다른 하나는 그것을 표현할 수 있는 뛰어난 문장이라는 것이다.[72] 스톤이야말로 이러한 조건을 갖추기에 부족함이 없는 역사가였다. 《귀족의 위기》에서 《파경의 삶》에 이르는 일련의 저작들은 그의 분별력과 사실에 대한 지식과 뛰어난 문장을 여실히 보여준다.

우선 스톤은 전형적인 전문 역사가였다. 방대한 사료를 수집, 정리하고 해독하는 지루한 작업을 거쳐 연구대상으로 삼은 사회를 형상화하고 재구성하는 데 탁월한 능력을 보여주었다. 실증적 역사가는 먼지 쌓인 문서고에서 밤을 지새우는 것을 망설이지 않는다. 조지 트레벨리언George M. Trevelyan이 말했듯이, "역사가는 저 불타오르는 열정 때문에 마법의 거울을 응시하여 거기서 매일 새로운 인물들을 보고, 또한 그의 온 생애를 만족스럽게 소진하며, 매일 아침 연인처럼 열심히 도서관과 문서고로 다가선다."[73] 《귀족의 위기》에서 《이혼행로》에 이르기까지 스톤이 저술의 원재료로 이용한 사료들은 실로 방대한 것이었다. 그는 이 방대한 원재료를 학문적 열정으로 녹여내어 사회사 서술의 풍요로운 내용물로 바꾼 것이다. 그는 마지막까지 성실한 사회사가로서 자세를 잃지 않았다.

다음으로, 스톤의 연구서 대부분은 전체사 서술의 형태를 취하고 있다. 귀족사회나 가족사나 또는 결혼의 사회사 등 어떤 주제를 선택하더라도 그 주제를 이해하는 데 필수적인 조건과 상황을 살피고, 그 다음에 그 주제 특유의 구조와 변동을 추적하는 것이다. 이것은 일종의 건축 구조물과 같은 균형미를 느끼게 한다. 사실 전체사 서술은 전 시대 역사가들에게나 가능한 일이었는지도 모른다. 오늘날의 젊은 역사가들에게서 전체사를 서술하려는 시도는 찾아볼 수 없으며, 이러한 접근을 시대에 뒤떨어진 낡은 방식으로 치부해 버리는 경향이 있다. 그러나 역사 서술은 궁극적으로 전체사를 지향해야 한다고 본다. 특히 사회사가의 경우 더욱 더 그렇다.

마지막으로, 스톤은 새로운 방법론과 새로운 분야에 늘 호기심을 가진 상상력이 풍부한 역사가였다. 그는 일찍이 통계적 방법의 도입을 선도했을 뿐만 아니라 인류학의 여러 개념과 연구방법을 차용해

역사 연구의 외연을 확대했다. 그러나 말년의 저술들은 이러한 통계적인 접근보다는 그가 이전에 이미 제시했던 내러티브 역사에 좀더 가까운 것이었다.[74] 그러니까 그는 자신이 강조한 역사 서술의 새로운 방법을 몸소 실천한 셈이다. 물론 그는 포스트모더니즘 또는 해체론적 경향에 우려를 표명하면서 역사학의 위기를 언급하기도 했다.[75] 그러나 이러한 우려는 전문 역사가라면 당연히 가졌음직한 의구심이었을 뿐이다. 그가 걱정한 것은 포스트모더니즘의 다양한 방법들 자체가 아니라, 그러한 방법들이 역사학의 본령을 훼손하고 급기야는 역사학과 문학의 경계를 무너뜨릴 수도 있다는 경계심을 표현한 것에 지나지 않는다. 오히려 그는 역사 연구에 원용할 수 있는 것이라면 어떠한 방법도 받아들일 수 있는 자유로운 정신의 소유자였다. 그 자신의 말대로 '마지막 휘그주의자'였다.

이제 스톤은 그가 몰두했던 그 과거로 사라졌지만, 그에 대한 사람들의 기억은 일련의 방대한 저작과 더불어 오랫동안 남아 있을 것이다. 여기 《가디언》지 기사의 한 구절을 골라 스톤을 위한 묘비명으로 삼는다.

스톤은 역동적이고 왕성한, 재기에 넘치고 부드러우면서도 짓궂은 대가였다. 그가 이룩한 업적은 사회사를 흥미롭고도 자극적인 것으로 만들었다는 점, 사회사 연구를 자극하고 고무하면서 새로운 탐구영역과 새로운 사료더미를 들추어냈다는 점이다.[76]

66

나는 어떤 사람에게도 특정한 방식으로
역사를 기술하라고 촉구하고 싶지 않다.
나는 당신이 쓰는 역사서가
　　　　당신의 개성의 표현임을 믿는다.

99

시어도어 젤딘, 감성의 역사를 찾아서

역사가의 경계

《오늘의 역사학*History Today*》 1999년 6월호는 '이 달의 역사가'로 시어도어 젤딘Theodore Zeldin을 선정하면서, 그에게 스스로를 역사가로 생각하느냐고 물었다. 젤딘은 이렇게 대답한다. "모든 것들이 어떻게 현재의 상태에 이르렀는가, 그리고 거기에서 우리가 어떤 교훈을 이끌어낼 수 있는가를 끊임없이 생각한다는 점에서 저는 물론 역사가입니다."[1] 젤딘을 인터뷰했던 대니얼 스노맨은 왜 이와 같은

질문을 던졌을까? 아마도 젤딘이 단지 시대사나 국가사 또는 분야사로 분류할 수 없는 그 자신만의 독특한 역사 세계를 정립해 나갔기 때문일 것이다.

원래 젤딘은 19세기 프랑스 정치사, 특히 나폴레옹 3세 시대를 전공한 실증적인 역사가였다. 그의 연구가 대중의 관심을 끌게 된 것은, 1973년 프랑스인들의 일상생활에 녹아 있는 감성과 정감을 집대성한 책을 옥스퍼드 대학 출판부 근대 유럽사 시리즈의 일부로 펴낸 이후의 일이다.[2] 몇 년 후에 모두 다섯 권의 책으로 재간행된 이 일련의 프랑스사 서술은 1848~1945년의 시대상을 다루면서도 프랑스인 특유의 정감과 습속을 소개하고 해석하는 내용으로 일관한다. 이 책들의 부제만 보아도 젤딘의 작업이 역사학에 관한 기존 통념을 깨뜨리고 있음을 알 수 있다(각 권은 '야망과 사랑', '번민과 위선', '지성과 자존심', '정치와 분노', '맛과 부패' 등의 부제를 달고 있다).

그 이후에도 젤딘은 일반 역사 서술과는 전혀 다른 새로운 실험을 계속해 왔으며, 이들 모두가 독자들의 관심을 끌었다. 젤딘에 따르면, 역사 연구에서 추구하는 궁극적인 목적은 다음과 같은 질문, 즉 '우리는 삶을 어떻게 살아가야 할 것인가', 그리고 '지금 여기에서 어디로 나아가야 할 것인가'에 대한 해답을 얻으려는 데 있다. 아마도 인생에 대한 깊은 성찰이 일반인의 주목을 끌지 않았나 싶다. 이를테면, 그의 《프랑스인*The French*》(1983)과 국내에서도 번역된 《인간의 내밀한 역사*An Intimate History of Humanity*》(1995)도 이와 같은 궁극적인 문제 제기에 대한 그 나름의 성찰에 해당하는 셈이다. 이들은 또한 기존 역사 서술의 경계를 넘어 새로운 형식을 추구하고 있다는 점에서 주목할 만하다. 앞의 책은 역사가들이 기피하는 이른바 '국민성' 또는 국민적 기질과 같은 미묘한 주제를 다루고 있다. 뒤의 책은 저자가 여러 사람들과 인터뷰하거나 대화를 나누면서 인간의 열정, 꿈, 좌절, 번민 등 내면의 감정을 분석해 이들 주제를 역사적 차원에서 음미하는 방식을 따르고 있다.

젤딘의 역사 연구는 결국 '감성의 역사'이다. 그는 실증적 사료에 기반을 둔 역사학이 좀처럼 접근하기 어려운 인간 내면의 세계를 거침없이 탐사한다. 그에게 19세기라는 시대적 한계나 프랑스라는 국가의 경계는 더 이상 사유를 가로막는 장벽이 아니다. 그는 역사학의 진부한 경계를 넘어 현대의 지식인이 외면하는 인생의 본질적인 문제, 즉 우리는 어떻게 살아야 하는가라는 문제를 부여잡고 고민하는 것이다. 그렇다면 도대체 젤딘의 감성 또는 정감의 역사란 무엇인가? 그의 실험은 오늘날 어떤 의미를 가지고 있는가?

프랑스인의 감성

젤딘의 부모는 러시아계 유대인이었다.[3] 2차 세계대전 직후 젤딘과 그의 가족은 영국에 정착했고, 그는 그곳에서 중등교육을 받았다. 젤딘은 같은 또래보다 일찍 고등학교 졸업학력을 인정받았다. 그는 아직 대학에 입학할 나이에 이르지 못했지만 대학교육을 받고 싶었다. 그의 부모는 런던 대학의 성인 교육기관인 버크벡 칼리지Berkbeck College에 젤딘을 입학시켰다. 그는 부모와 비슷한 학생들 틈에 섞여 고전과 철학을 배웠다. 버크벡 칼리지를 졸업한 후에 젤딘은 다시 옥스퍼드의 크라이스트 처치 칼리지Christ Church College에서 역사를 공부했으며, 오랫동안 세인트 앤서니 칼리지의 교수로 지냈다.

젤딘의 평범하지 않은 인생역정을 보면서 그의 특이한 학문적 풍모가 이와 같은 삶의 경험에서 비롯했을 것이라고 짐작하기 쉽다. 그러나 젤딘은 이러한 점들을 인정하지 않는다. 예컨대 그가 프랑스사를 선택한 것은 2차 세계대전기에 이집트 카이로의 프랑스인 거주지역에서 소년시절을 보낸 체험과 별로 관련이 없었다. 왜냐하면 그 당시 불어를 전혀 배우지 않았기 때문이다.

그렇다면 성인들과 함께 어린 나이에 런던 대학에서 수학한 경험이 그에게 어떤 특별한 영향을 주지 않았을까? 젤딘은 그 당시 나이 많은 학생들 틈에 섞여 학교에 다녔지만, 이런 점을 전혀 의식하지 않았다고 말한다. 그는 런던 대학 버크벡 칼리지에 다닐 때에 거의 책 속에 파묻혀 있었기 때문에 나이 많은 주위 학생들과 사귈 만한 시간이 별로 없었다. 옥스퍼드 시절에도 그를 지도했던 앨런 테일러Alan Taylor나 휴 트레 버로퍼의 영향밖에 있었다. 그에게 영향을 준 특정인은 별로 없었던 모양이다. 오직 책만이, 버나드 쇼에서 오손 웰스에 이르기까지 주로 19세기 영국 지식인과, 좀더 후에는 베이컨, 훔볼트, 콩트 등의 저술이 그의 관심을 끌었을 뿐이다. 그를 지도하고 안내한 것은 오직 책뿐이었다.[4]

젤딘은 원래 프랑스 제3공화정 시대의 정치사를 연구해 학위를 받았다. 그러나 그가 일반 역사가와는 다른 길을 걷게 된 결정적 계기는 앞에서 언급했듯이, 옥스퍼드 유럽 근대사 시리즈의 하나로 프랑스 현대사 집필을 의뢰받은 데서 비롯한다. 아마 시리즈를 기획했던 앨런 벌록Allen Bullock과 윌리엄 디킨William Deakin은 19, 20세기 프랑스 국민국가의 발전을 개괄적으로 정리한 서술을 기대했을 것이다. 젤딘 스스로도 편집진의 의도를 알고 있었다. 그에 따르면, 역사가들은 프랑스 근대사를 '혁명과 반혁명'이 교차하는 변증법적 전개과정으로 이해한다. 어떤 이들은 주로 정치 이념과 이데올로기의 대립을 중시하고 또 다른 이들은 경제적 권리의 불평등과 그 사회적 결과에 초점을 맞추기도 하지만, 어쨌든 이 시대를 다루는 역사 서술의 화두는 분열이다.[5]

그러나 젤딘이 건네준 방대한 원고는 편집자들의 기대와는 달리 근대 프랑스 사람들의 정감passion 또는 감성emotion에 관한 것이었다. 그것은 이 시대를 살았던 프랑스 남녀들의 개인사를 중심으로 야망과 좌절, 지적 생활과 상상력, 맛과 편견, 사랑과 증오 등 갖가지 감성의 영역을 답사하는 작업이었다.[6] 젤딘은 기존의 역사학이 국가나 전체 사회 또는 공적인 문제에 치중하고 개인의 삶을 둘러싼 사소한 이야기는 소설의 영역으로만 남겨 두었다는 점을 유감으로 여긴다. 국가

는 외관으로 나타나는 것과는 아주 다르고 애매모호한 모습들을 안고 있다. 그는 의식적으로 공적인 삶을 외면하고 개인들의 삶을 통해 현대사의 갖가지 흐름을 추적한다. 이 때문에 그에게 1848년 이후 프랑스의 사건 연대기는 더 이상 중요하지 않다. 그는 《프랑스 1848~1945》의 재판 서문에서 자신의 의도를 다음과 같이 내비친다.

나는 인간의 행동이 혼란스럽고 애매모호하며, 단지 영광이나 정의 또는 자유와 같은 어떤 이상만을 추구하는 것처럼 보일 수 없음을 알기 때문에, 그리고 인간 행동의 동기를 논의한다고 해서 그 무엇인가를 입증할 수 있다고 믿지 않기 때문에, 다소간 그럴듯한 요인들을 한데 모아 국가에 관한 개설적인 서술을 시도하지 않았다. 그 대신에 개인을 나의 출발점으로 삼고서, 그들에 가해지는 무수한 내적, 외적 압력들을 통해서 그들을 가장 잘 나타내려고 했다. 나는 개인들의 움직임을 여섯 가지 감성, 즉 야망, 사랑, 분노, 자긍심, 맛, 걱정 등으로 분류했다.[7]

즉 현대 프랑스 사회와 사람들에 대한 타자의 이미지를 살펴보겠다는 것인데, 물론 이념이나 계급의 구분선을 넘어서는 프랑스인들의 공통된 태도와 가치들을 정형화하기는 어려운 일이다. 그럼에도 프랑스인 특유의 이미지들이 상식처럼 널리 알려져 있다. 프랑스 사람은 요리를 잘하고 수다스러우며 논쟁하기를 즐긴다는 것이다.[8] 굳이 젤딘의 비유를 들지 않더라도, 우리는 유럽 여러 나라 사람들의 기질을 비교하는 농담들을 여럿 알고 있다. 이를테면, 영국인, 프랑스인, 독일인에게 우스운 농담을 건네기로 하자. 농담이 채 끝나기도 전에 깔

깔대고 웃는 사람은 프랑스인이다. 말이 끝나기를 기다려 웃는 사람은 영국인이다. 그 자리에서 전혀 웃지 않다가 집에 돌아가서 갑자기 미친 듯이 웃어 대는 사람은 독일인이다. 이런 식의 비교는 결국 타자의 눈에 비친 그 나라 사람들의 모습과 이미지를 드러낸다.

　젤딘에 따르면, 국가들의 경계는 지리적인 것이라기보다는 오히려 이러한 이미지들의 경계라고 하는 편이 더 적절하다. 그는 프랑스인의 변하지 않는 영혼이나 정신 또는 성격에 집착하지 않는다. 다만 많은 사람들의 이야기에서 드러나는 프랑스인에 관한 주제들이 관심의 대상이다. 왜 사람들이 그와 같은 내용을 믿게 되었는가? 그 과정을 밝히는 것이 무엇보다도 중요하다.[9] 그리고 이러한 작업이 과거를 통해 현재를 드러내려는 역사학 고유의 목적에 좀더 적합할지도 모른다. 젤딘은 그 중요성을 다음과 같이 강조한다.

> 나는 역사가 즐거움을 주기 위해 또는 골동품과 같은 호기심을 충족하기 위해 고안된 것으로는 생각하지 않는다. 그것은 예술이나 가십 이상의 중요성을 가질 수 있다. 역사는 사치품이 아니라 모든 세대가 스스로, 과거의 어떤 것을 보존하고 어떤 것을 버릴 것인가에 관해 끊임없이 논의하는 재평가과정의 필수적인 부분이다. 현재의 관심사에서 유리된 것은 역사학 서술에서 필요조건이 아니다. 오히려 그 반대로, 나는 역사가란 현재의 이상, 습관, 제도 등에 대해 명확하게 사고하는 데 기여해야 한다고 생각한다.[10]

　젤딘은 사람들의 행위가 경제적 상황에 결정적인 영향을 받는다는 것을 부인한다. 중요한 것은 사람들이 스스로 어떻게 느끼고 있는가이다. 예컨대 1979년판 《프랑스 1848~1945》 1권의 주제는 야망과 사랑이다. 여기에서 그는 부와 안전, 명성과 행복과 쾌락에 사람들이 경쟁적으로 관심을 나타내는 과정을 드러내려고 한다. 19세기 이후 사람들이 삶의 방향을 선택한 의미까지 파고 들어가, 그들이 삶의 성공을 어떻게 이해했으며 이를 이루기 위해 무엇을 했는지 알려고 했던 것이다.[11] 즉 역사 속에 살았던 개인들의 흔적과 발자취를 통해서 인간의 여러 감성에 대한 우리의 이해를 높여준다.

《프랑스 1848~1945》를 읽을 때 느끼는 당혹감은 이 방대한 서술을 요약하기가 거의 불가능하다는 사실에서 비롯한다. 각 권과 각 장이 모두 독립된 에피소드처럼 보인다.[12] 그러면서도 전체를 관통하는 느낌이 전달된다. 거대 이론에 집착하지도 않고, 또 사건과 연대기 형식을 분명히 회피하고 있지만, 그렇다고 이 책이 모두 참신한 내용만으로 이루어져 있지는 않다. 1권은 노동자와 농민을 다루면서도 의사나 공증인과 같은 프랑스 특유의 부르주아지에 대한 사회사 연구들을 원용하여 사회구조의 특징을 보여주려 한다. 5권 위선에 관한 장은 주로 공산당원에 관한 에피소드들의 모음일 뿐이며, 정치를 다룬 4권의 각 장의 주제 이면에는 정통주의, 오를레앙주의Orleanism, 나폴레옹주의Bonapartism를 거쳐 공화주의에 이르기까지 전통적 연대기를 암묵적으로 받아들인다.

젤딘이 이 책에서 소개하는 에피소드들을 각기 개괄하는 것은 불필요하다. 여기에서는 에피소드들 가운데 좀더 넓은 주제라고 할 수 있는 부르주아지 일반과 국민 정체성에 관한 것만을 간략하게 살피려고 한다. 먼저 《프랑스 1848~1945》의 제1권은 부르주아지의 여러 직종들에 관한 장들에 앞서서 '부르주아지의 위선'이라는 장을 싣고 있다. 젤딘에 따르면, 부르주아지는 프랑스 역사의 산물이다. 그들이 프랑스 근대사에서 핵심 존재가 된 것은 대혁명 이후 그동안 정치, 경제, 사회적으로 다른 나라의 경우와 비교할 수 없을 정도로 우월한 위치에 올라섰기 때문이다. 그들은 항상 '프랑스 부르주아지la France bourgeoise'로 불렸는데, 그 자체가 역사에서 프랑스와 부르주아가 거의 동의어였다는 사실을 일깨운다.[13]

'프랑스 부르주아'라는 말은 어떤 의미를 함축하고 있는가? 이 표현에는 두 가지 의미가 포함되어 있다. 하나는, 그들이 형성해 온 정신적 태도가 사회 전체에 영향을 미치고 있다는 점이다. 물론 그들의 사고 및 행동 방식은 점진적으로 발전한 것이지만, 대혁명 이후 부유층뿐만 아니라 소상점주, 직인, 농민까지 그 정신적 태도를 받아들였다. 다른 하나는 부르주아를 정치적·경제적 실체로 파악하는 경우가 있다. 혁명과 함께 영주제적 특권은 폐지되었지만, 부의 특권은 그렇지 않았다. 부르주아지는 귀족을 대신했다. 그들은 몰수된 토지를 사들였고 보통선거권의 확대와 더불어 의회도 장악할 수 있었다. 부르주아가 설파한 기회의 평등이란 오직 부유층만이 성공의 열쇠인 중등교육을 받을 수 있었기 때문에 실제로는 허구인 셈이었다.[14]

그렇더라도 부르주아를 분별하고 범주화하기는 어려운 일이다. 그들 특유의 정신적 태도를 뚜렷하게 정의할 수 있는 것이 아니고, 정치권력이나 경제력도 마찬가지이다. 루이 필립 시대의 선거인단이나 19세기 말 하인을 거느린 계층을 생각할 수도 있겠지만, 이것은 시대에 따라 변하고 어디까지나 잠정적일 뿐이다. 이보다는 오히려 생활 스타일에 따른 구분과 식별이 더 나을지도 모른다. 부르주아지를 구별짓는 것은 부 자체가 아니라 부를 획득하는 방식과 그것을 소비하는 방식에 있다. 부를 기준으로 삼다보면 부르주아지가 아닌 부유층도, 또 스스로 부르주아지에 속한다고 생각하는 빈곤층도 있다. 프랑스에서 부르주아지는 자신의 부를 부르주아지에 걸맞게 쓸 줄 아는 사람이라고 할 수 있다.

부르주아지는 무엇보다도 의식주 생활에서 다른 사회세력과 다른 스타일을 추구한다. 그들이 식탁에 들이는 비용을 노동자들의 그것보다 반드시 값비싸다고 할 수 없다. 단지 먹거리와 먹는 방식이 노동자들과 달랐다. 또 피아노와 유화와 시계와 벽난로가 갖추어진 거실에서 방문객을 맞아 담소하는 그들의 주거문화에서 특징을 찾을 수 있다. 이와 함께 자녀 교육과 가정을 위해 많은 지출을 감내하는 특징도 보여준다.

그렇지만 젤딘은 이러한 식별이 모두 한계를 가지고 있음을 인정한다.[15] 그가 부르주아지를 개괄한 다음에 의사, 기업가, 공증인, 자산가, 은행가 등의 여러 직업별로 개인들의 삶을 살펴본 것도 이런 애매모호함 때문이었을 것이다. 하지만 우리는 그들을 때로는 정신적 태도와 이념으로, 때로는 정치적 힘과 경제력으로, 또 때로는 생활 스타일과 소비 행태를 통해서 이해할 수밖에 없다. 개인의 생애사는 이런 측면에서 중요한 의미를 가진다.

다음으로, 《프랑스 1848~1945》 2권 '지성과 자존심'에는 국민 정체성을 다룬 장이 실려 있다. 프랑스 국민은 언제, 어떤 과정을 통해 형성되었는가. 흔히 대혁명 이후 국민 정체성이 급속하게 형성되어 퍼져나갔으리라고 생각한다. 실제로 프랑스는 유럽 최초의 국민국가 중의 하나로 여겨졌다. 그러나 1864년 남부 산록지대를 여행하던 한 교육감독관이 시골 학교를 방문해 학생들에게 어느 나라 국민인가 물었을 때, 그의 질문에 자신 있게 대답한 어린이는 거의 없었다. "그렇다면 너희들은 영국인이냐?"라는 감독관의 또 다른 물음에도 아이들은 여전히 대답하지 않았다.[16] 이 에피소드는 적어도 변경지역의 경우 이 시기까지도 국민 의식이나 국민 정체성이 중요한 문제로 자리 잡지 못했음을 알려준다. 그것은 점진적 과정을 거쳐 형성된 것이다.

국민 의식의 형성을 부르주아지가 주도한 것은 분명한 사실이다. 특히 정치인들은 국민 형성의 주된 설계사였다. 그렇다면 국민 의식은 어떤 개념들을 통해 구체적으로 드러났을까? 젤딘은 이를 다음과 같이 설명한다. 우선 대혁명 이후 국민은 문명civilisation이라는 말을 통해서 이해되었다. 문명이란 프랑스 특유의 '삶의 확대와 향상'을 뜻했다. 이것은 개인과 사회의 동시적 완성을 지향한다.[17] 19세기 지식인들에게 중앙집권적 국가의 발전은 모든 계급에게 문명의 혜택이 돌아가는 것을 의미했다. 국가가 문명과 동의어인 까닭은 이 때문이다. 다음으로 국민은 인종적 다양성의 통합을 뜻했다. 라틴계, 켈트계, 게르만 혼혈 등 전통적인 프랑스에는 서로 기원을 달리하는 여러 인종이 뒤섞여 살고 있었다. 여기에 19세기 말에는 100만 명 이상의 이베리아 및 이탈리아 이민들이 살고 있었다. 마지막으로, 이들 다양한 인종들을 프랑스 국민으로 규정할 수 있는 것은 그들이 프랑스 문화의 담지자이기 때문이었다. 이 공통의 문화는 제도교육을 통해 확산되었고 그 가운데서도 프랑스어야말로 그 표상이었다.[18]

한편, 젤딘은 국민 정체성과 민족주의nationalism를 구분할 것을 제안한다. 뒤의 언어는 매우 정치적인 것이다. 그것은 대혁명기에 이미 사용되었으나, 시대에 따라 다른 의미를 갖게 되었다. 그것은 자유주의를 가리키기도 했고, 한때는 피억압자의 해방을 위한 자코뱅주의를 뜻하기도 했다. 그후 19세기 말부터는 오히려 보수주의의 언어로 사용되기 시작했다.[19]

서술의 새로운 형식

《프랑스 1848~1945》가 기존의 역사가들이 중시해 온 역사적 사건이나 사회구조 대신에 근대 프랑스의 갖가지 감성이나 정감을 주제로 삼았다고 하더라도, 이전에 살았던 개인의 구체적 사례를 통해 접근했다는 점에서 이 책의 대상은 여전히 과거 자체라고 할 수 있다. 그러나 1983년에 출간한 《프랑스인들》은 과거보다는 살아 있는 개인의 생애사에 더 관심을 기울인다. 이제 과거는 더 이상 서술의 대상이 아니다. 각 장의 제목도 〈종교적 억양을 해석하는 방법〉 또는 〈프랑스 지식인에게 주눅들지 않는 방법〉과 같이 이상야릇한 표현을 쓰고 있다. 그는 일찍이 역사가라면 자기 나름의 독자적인 서술형식을 찾아내야 할 필요성을 강조한 적이 있는데, 그 자신의 미래를 예측한 것처럼 보인다.

나는 어떤 사람에게도 특정한 방식으로 역사를 기술하라고 촉구하고 싶지 않다. 나는 당신이 쓰는 역사서가 당신의 개성의 표현임을 믿는다. 나는 우리가 사람들에게 역사 쓰기를 가르칠 수 없다는 몸젠의 말에 동의한다. 용기 있는 젊은 역사가들에게 뒤따라갈 선례를 제시하기보다는 그들 자신의 개성과 자신의 견해와 그리고 그 자신만의 기발함을 개발하도록 고무함으로써 더 많은 것을 얻을 수 있다고 믿는다. 독창적인 역사학은 독창적인 정신의 반영물이며 따라서 그것을 낳을 수 있는 어떤 표준적인 처방이 있는 것은 아니다.[20]

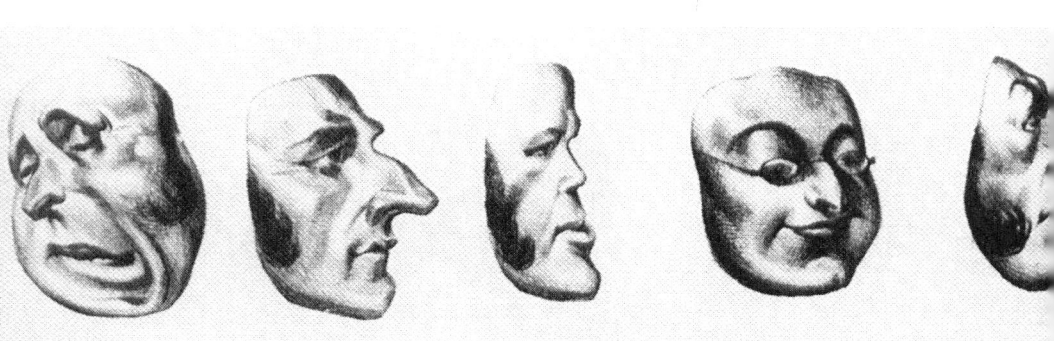

이 책은 그가 만나거나 알고 있는 많은 사람들에 관한 이야기와 함께, 갖가지 신문기사, 광고, 여론조사, 만평 등으로 구성되어 있다. 그는 프랑스 사회의 기본적인 특징보다는 다양한 풍경과 다원적인 모습들을 우리에게 알려준다. 젤딘은 이 책의 저술 의도를 다음과 같이 말한다.

나는 설사 프랑스 국민에 대한 포괄적인 조사가 가능하다고 하더라도 이를 기술하지 않겠다. 나는 프랑스인에 대한 내 자신의 특정한 견해나 경험을 이야기한다. 이 이상의 것을 제시할 수 있다고 주장하는 사람은 스스로를 기만하는 것이다. 나는 단지 독자들이 진부한 신화를 반복하는 것 대신에 그 자신의 독자적인 견해를 가지도록, 그리고 그들이 프랑스인들에게서 매력적이라거나 또는 불쾌하다고 생각한 것을 정확하게 성찰하기를 촉구하려 한다.[21]

결국 이 책은 프랑스인 특유의 기질, 열정, 편견 등을 설명하려는 시도이다. 1부는 프랑스인들이 인정하는 사고 및 대화의 특유한 방식을 탐사하며, 2부는 가족과 연인과 사랑에 관해 설파한다. 3부는 여러

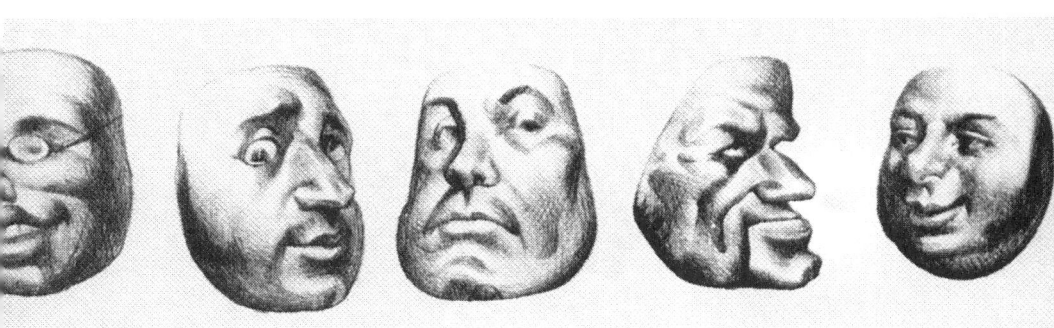

직종과 사회계층에 속한 사람들을 통해 그들 사이의 관계를 투사한다. 4부는 그들의 미각과 예술가의 역할을, 5부는 지식인과 교육과 문화 일반을, 그리고 마지막으로 6부는 외국인에 대한 이중감정을 해부한다.[22] 전반적으로 프랑스 사람들의 삶의 외관뿐만 아니라 그 삶의 질까지 대상으로 삼는다. 사실 우리들의 삶에서 중요한 것은 거대한 주제들이 아니다. 단순히 의식주 문제를 해결하는 선을 넘어선다면, 그 다음에는 행복과 우정과 쾌락, 유머와 적당한 타협, 편견과 미신, 이런 것들이 일상생활의 주된 내용을 이루지 않겠는가. 이 책은 말하자면 프랑스 국민들의 문화적 성취와 그들 개인적 경험에 대한 재해석이라고 할 수 있다.

《프랑스인들》에는 수많은 프랑스인 남녀의 생애사가 소개된다. 이들은 모두가 흔히 주위에서 만날 수 있는, 적당하게 도덕적이면서도 때로는 실수를 저지르는 사람들이다. 가비라는 한 중년 사내는 생나제르 조선소의 용접공인데, 산업세계와 사회를 개혁하려는 유토피아적 열망에 가득찬 사람이다. 그럼에도 그는 2차 세계대전 중에는 가족과 함께 숨어 있었다. 재담꾼으로 방송에 자주 출연하는 필립 보바르는 평범한 보통사람들의 기질과 성향을 이렇게 표현하기도 한다.

저는 평균적인 프랑스 사람을 대표하지요. 저의 학력이란 고작해야 초등학교 졸업장뿐이죠. 가방 끈이 짧고 잘 생기지도 않았어요. 저는 해외에 나가기를 좋아하지 않고 나간다고 하더라도 제일 좋아하는 스테이크와 감자 튀김만 먹습니다. 외국어도 하지 못하고 또 외국인에 대해서는 국수주의자라고 할 수 있지요. 국내에서는 군대며 가톨릭교회를 비난하고, 실제로 어느 것도 또 어느 누구도 존중하지 않는답니다. 세금 내는 것 물론 싫어하죠. 어떤 사람도 어떤 제도도 진지하게 고려하는 법이 없답니다.[23]

이 평균적인 프랑스인은 존재하지 않을 것이다. 그렇지만 필립의 재담에서 무언가 프랑스 중년 남성의 초상을 느낄 수 있다. 이것은 말하자면 흔히 국민성 또는 국민적 기질이라고 불리는 측면을 가리키는데, 전통적으로 역사가들은 이러한 주제를 다루는 것을 꺼려했다. 그것은 애매모호하며 근거가 부족하고 그리고 무엇보다도 비과학적이라는 것이다. 이전의 저술에서도 이와 같은 주제들에 관심을 기울였지만, 《프랑스인들》을 집필하면서 그는 그 경계를 완전히 무너뜨렸다. 이 책이 프랑스인들의 '자화상'이라고 불리는 것도, 그리고 독서 시장에서 커다란 관심을 끌었던 것도 바로 이 때문일 것이다.

젤딘의 책에서 이 평범한 프랑스 남녀를 자주 대면하려면 아무래도 사회집단을 다룬 장을 찾는 편이 좋을 것이다. 이 책 15장은 오늘날까지 프랑스 사회에 중요한 사회세력으로 남아 있는 자영업자, 특히 소상점주의 끈질긴 생명력을 다루고 있다. 프랑스는 영국이나 독일에 비해 소상점주의 수가 훨씬 더 많은 편이다. 영국인이 프랑스의 대도시 또는 소도시를 지날 때 우선 다르게 느껴지는 것은 무수한 간판이다. 작은 것이 아름답다는 명제에서 미래의 어떤 해결책을 찾는 사람이라면 우선 프랑스 사람들의 경험에 관심을 기울여야 할 것이다. 젤딘에 따르면, 소영업자란 "그의 독립성이 깨지고 있다는 것을 알지만, 그럼에도 자신의 독립을 유지하기를 원하며, 정부가 자신의 독립을 위협한다고 생각하여 증오하는 사람"이다.[24]

물론 프랑스가 오늘날에도 소영업자의 천국은 아니다. 소상점주나 중소기업가들 모두 대자본의 위협에 시달리고 있다. 그럼에도 아직 그들이 끈질기게 버텨나가는 것은 일찍부터 소영업자 조직의 정치세력화에 눈을 떴기 때문이다. 젤딘이 만난 자물쇠공 가스통 뤼카는 1907년생이다. 그는 정원사인 아버지의 권유에 따라 자물쇠공의 길을 택했다. 그의 아버지는 자물쇠 일감이야말로 기계화가 이루어진 후에도 남아 있을 것이라고 생각했다. 뤼카는 이 길을 택한 것을 후회한 적이 없다. 대장간 일을 포함한 그 직종의 기쁨은 어디서 오는가. 뤼카에 따르면, "그 일을 완벽하게 배울 수 없다는 것, 그리하여 새롭게 발견할 것들이 있다는 것, 어떤 일도 다른 일과 똑같지 않고 종사자가 그 나름의 취향과 맛을 가질 수 있다는 것" 때문이다.[25]

한편, 제라르 니코는 소상점주 노조를 만든 사람이다. 그는 노조운동을 하면서 여러 차례 감옥을 드나들었다. 그가 운동가가 된 것은 리용 근처의 한 시골마을에 카페를 차린 후의 일이다. 처음 카페를 차렸을 때 해방감과 아울러 새로운 인간으로 탄생한 느낌이 들었다. 자신만의 공간을 만들고 스스로가 모든 일을 책임진다는 사실이 그렇게 기쁠 수가 없었다. 그러나 영업세 문제로 세무서 관리와 언쟁을 벌이면서 그는 자연스럽게 자영업자에 대한 정부정책에 분노를 느끼게 되었다. 그후에 그는 노조운동가로 변신한다. 지금도 그는 무정부주의자이다.[26]

프랑스에서는 아직까지 소상점주, 나아가 자영업자의 대표적 부류로 빵집 경영자들을 들 수 있다. 어느 면에서 빵집이야말로 현대 프랑스 사회에서 자영업의 마지막 보루라고 해도 지나친 말이 아니다. 프랑스인에게 바게트 없는 식생활을 상상할 수 없는 한, 빵집은 그대로 잔존할 것이다. 그러나 빵집 경영은 잔일이 많은 편에 속한다. 젤딘이 인터뷰한 장 마르크는 새벽 3시에 자리에서 일어나 빵을 굽는다. 점심 식사 후에 오후 4시까지 낮잠을 자고 그후에 다시 7시까지 빵을 굽는다. 그는 자영업자라는 사실에 긍지를 가지고 있지만, 역시 여건이 어려워지는 것은 불가항력적이라고 생각한다. 그는 대를 이어 빵집을 경영하고 있는데, 그의 아들은 이 직종을 이을 생각이 없다. 부모 직업의 어려움을, 빵집이 슈퍼마켓과 경쟁하기 어렵다는 것을 너무나 잘 알고 있기 때문이다. 그럼에도 장 마르크는 다른 사람보다 더 오래 일한다면, 그들 자신의 것을 지켜낼 수 있으리라고 확신한다.[27]

젤딘이 그려낸 이 소상점주의 세계가 프랑스적인 것만이라고 하기는 어렵다. 소영업자의 전통은 어느 나라나 끈질기게 남아 있으며, 소읍에서 대도시에 이르기까지 직종마다 그나름의 전통을 지니고 있다. 그러나 오늘날 영국과 독일의 경우 프랑스에 비해서 소상점주와 소영업자가 차지하는 비중이 매우 낮다. 젤딘이 묘사한 빵집만 하더라도 영국과 독일에서는 거의 보이지 않고, 단지 슈퍼마켓과 대형 할인점에서 사들인다. 세 나라 사이에 산업화의 시차가 있다고는 하지만, 이러한 차이를 낳은 요인이 무엇인지는 확실하지 않다. 그렇더라도 소상점주의 연대와 강력한 정치조직 여부가 중요한 영향을 미친 것처럼 보인다.

흔히 프랑스인은 지성적이라는 말을 듣는다. 그들 대부분이 지식에 흥미를 갖고 지적이라는 뜻이라기보다는 지식인이 대접을 받고 식자층의 언어를 존중하는 분위기가 좀더 짙다는 뜻일 것이다. 이 책 21장

〈그들의 문화를 인식하는 방법〉에서 젤딘이 바라보는 것은 이 지적 분위기이다. 그는 평범한 가정 출신이 꾸준한 노력으로 자신의 지적 세계를 넓혀간 사례를 소개한다. 여기에서 젤딘은 제도교육과 실제 지적 문화가 일치하지 않을 수도 있다는 점을 알려준다.

다니엘 샤토는 어느 기술중학교 부설 평생교육원장이다. 미장공의 아들로 태어난 그는 기술학교에 다니면서 18세에 직업교사 자격증을 얻었다. 그가 맡은 과목은 집 페인트칠이었다. 기술학교에 다니던 시기(5년간의 3분의 2)는 작업장에서 실습하며 보냈다. 그는 주로 현장 기술을 몸에 익혔고 1주일에 10시간가량 공부시간을 가질 수 있었다. 수학, 과학, 불어, 건축학 등이 샤토가 이수한 과목들이다. 그를 가르친 교사들 또한 이전에 숙련기술자로서 경험을 쌓은 사람들이었다. 문화란 학교의 교과목이 아니었다. 그는 기술학교를 졸업할 때까지 독서라는 것을 알지 못했고 그럴 여유나 시간도 없었다.[28] 여기까지 샤토의 삶은 프랑스인 특유의 '지적 분위기'와 거리가 멀었다고 할 수 있다.

청년기를 보내면서 샤토는 인생에 배워야 할 것이 무수하게 많으며 자신은 어떤 올바른 해답도 찾아낸 적이 없다는 것을 깨닫게 되었다. 이러한 자각과 함께 그는 책을 읽기 시작했다. 이제 그는 "일하기 싫어서 대신 책을 잡는" 부류가 아니라, "변화가 새로운 기회를 열어주기 때문에 새로운 자질을 항상 추구하는" 부류로 변했다. 그 이후 그는 평생 학생인 셈이었다. 알제리에서 군복무를 마친 후에 샤토는 실내장식학교에서 새로운 기술을 익혔고, 파리에서 실내장식 일거리를 맡아 생계를 꾸려나갔다. 그는 다시 야간학교에서 예술을 공부하기 시작했는데, 밤늦게까지 공부하면서도 새로운 지식을 쌓는다는 것 자체에 기쁨을 느꼈다. 실내장식 분야의 자격증을 새로 취득했지만, 그는 자신이 아직도 교양이 부족하다는 것을 절실하게 느꼈다. 특히 고등교육을 받은 사람들과 대면할 때 그러했다. 그는 또 다른 교원양성학교에 입학해 예술, 심리학, 문학표현 등을 새롭게 배우기 시작했는데, 그것은 단순히 기술학교 교사자격증을 얻기 위한 것이 아니라 진정한 배움을 갈망했기 때문이다.[29]

젤딘은 비서로 일하는 프랑수아즈 양을 소개하기도 한다. 그녀는 상업학교를 졸업하고 어느 회사 비서실에서 신문기사를 스크랩하는 일을 맡고 있다. 그녀는 성인교육 프로그램에 등록해 일반 교양과목을 수강한다. 그녀는 예술 분야에 관심이 많다. 피카소와 세잔느의 그림 비평, 도스토에프스키의 문학, 말러의 음악, 영화의 역사, 그리고 프로이트와 라캉의 정신분석학에 관한 강의를 들었다. 토론 프로그램도 중요한 과목의 하나였다. 그녀는 폭력, 가족, 인종주의 등에 관한 토론에 참여하거나 마약 문제에 관한 에세이를 써서 제출하기도 했다.[30]

사실, 샤토나 프랑수아즈처럼 지식을 동경하는 젊은이들은 프랑스뿐만 아니라 어느 나라에서나 찾을 수 있다. 젤딘은 이것이 프랑스 특유의 현상이라고 주장하지는 않는다. 그러나 이러한 부류의 젊은이들은 프랑스 사회에서 매우 낯익은 존재이다. 이들은 어떤 보상을 기대하면서 새로운 지식을 추구하지 않았다. 실용적인 것이 아닌 일종의 교양을 자신의 정신세계에 쌓아야 한다고 생각하는 풍조가 특히 강하게 표출된다는 주장이다. 물론 평범한 생활인으로 이런 지식을 배우

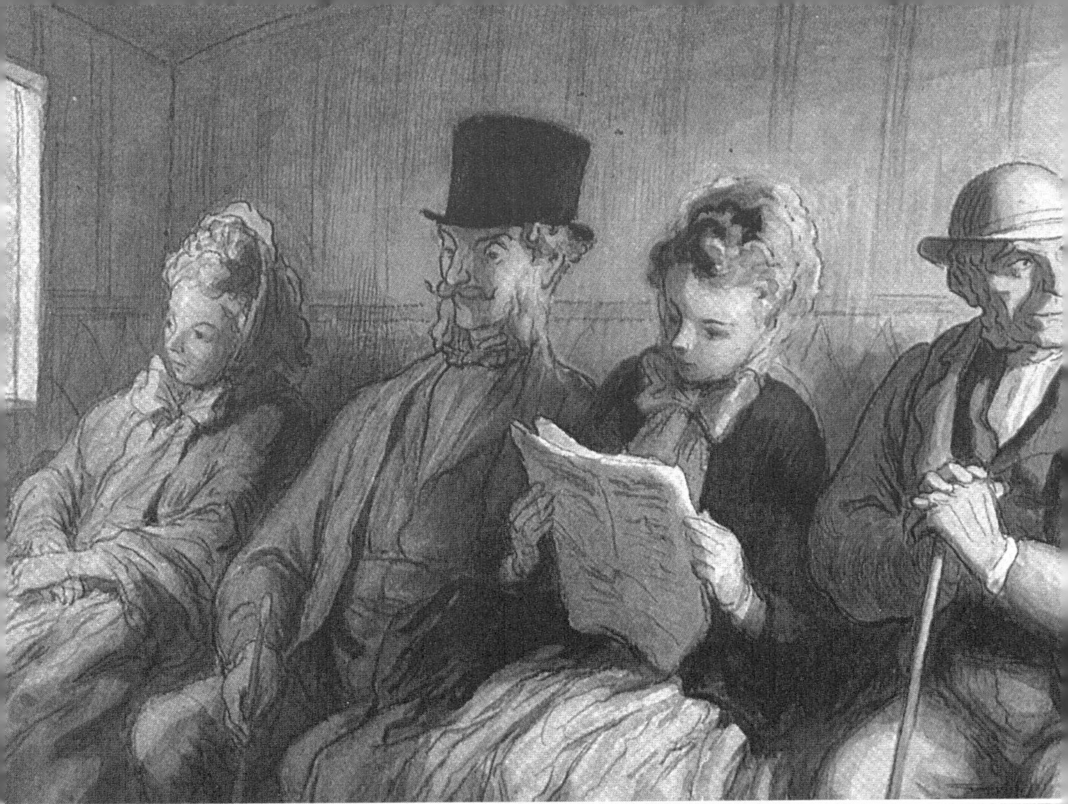

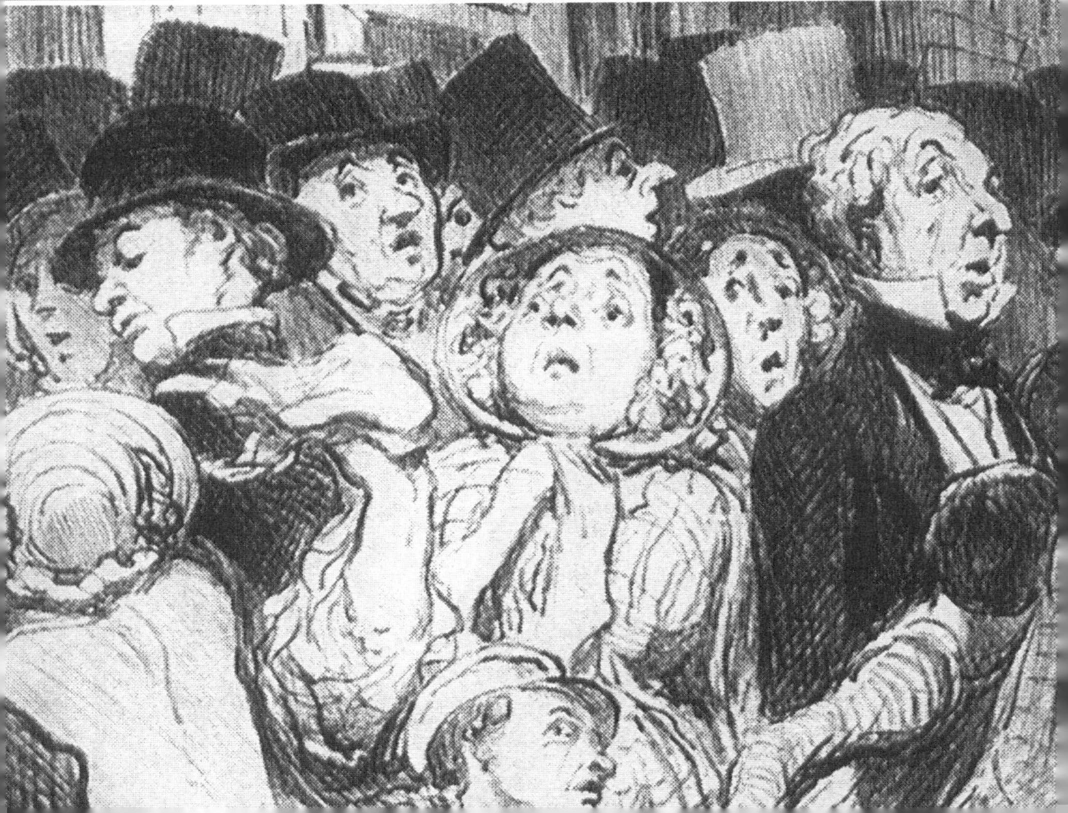

는 것이 일종의 속물근성에 지나지 않는다고 생각할 수도 있다. 그러나 속물근성이야말로 근대성의 한 표현이 아니겠는가.

만남, 대화 그리고 인간의 이해

역사 서술의 형식을 파괴하려는 젤딘의 시도는 1980년대 후반 이래 더욱더 본격적으로 이루어졌다. 그는 《행복 *Happiness*》이라는 소설을 집필하기도 했는데, 이것은 '섬디(=somebody)'라는 소녀가 개와 바퀴벌레를 데리고 낙원(행복)을 찾아 유랑하는 과정을 그리고 있다. 이 책에서 그가 독자에게 묻는 것은 왜 행복을 원하는가이다.[31] 한편, 그의 새로운 형식의 저술 가운데 특히 베스트셀러의 반열에 올라 독자를 사로잡은 것은 《인간의 내밀한 역사》이다.[32]

이 책의 모티브는 만남과 대화이다. 역사 또는 역사 지식은 그 배경을 이룰 뿐이다. 젤딘은 우리가 역사를 바라보는 방법을 바꿈으로써 현재 살아 있는 인간의 공통된 내면의 속성들을 이해할 수 있다고 믿는다. 모두 25장에 달하는 이 책의 장들은 각기 한 개인(여성)과의 만남, 그녀의 초상에서부터 출발한다. 저명한 방송인에서 여성 경찰에 이르기까지, 가정부에서 어린 여학생에 이르기까지 다양한 여성들과 만나 그들의 생애, 관심, 사랑에 대해 대화를 나누면서 젤딘은 좀더 넓은 인간 경험의 바다로 나아간다. 그는 자신이 만난 여성과의 대화에서 그들의 삶에 관해 이야기를 나누다가 어떤 특정한 주제를 잡은 다음에 그 주제에 관련된 역사의 대양으로 항해를 떠난다. 그는 역사상 특정한 사건이나 문화가 오늘날까지 개인과 문명의 삶에 깃들어 있고 또 중요한 영향을 미치고 있다고 주장한다. 그러니까, 그의 궁극적인 관심은 오늘날의 독자들에게 미래의 삶의 좌표를 제시하는 데 있다. 젤딘은 이렇게 말한다.

개인적인 것에서 일반적인 것으로 나아갔던 것처럼 나는 현재로부터 과거로 소급해 올라가는 방법을 택했다. 사례 연구를 하면서 오늘날 다양한 야심들에 치여 곤경에 빠진 사람을 보면, 나는 언제나 그가 놓인 상황을 전 역사에 걸친 인류의 경험에 비추어 살펴보면서 탈출구를 찾으려 했다. 만일 그가 자신의 기억에만 의존하지 않고 전 인류의 경험을 이용할 수 있었다면 어떻게 행동했을까 하고 나는 늘 자문했다.[33]

이 책의 구체적인 서술방식을 살펴보자. 예컨대 이 책 1장은 〈새로운 만남은 잃어버렸던 희망을 소생시킨다〉라는 제목이 붙어 있다. 이 장은 가정부로 일하는 줄리엣이라는 중년 여성과의 만남으로 시작된다. 젤딘과 인터뷰하면서 그녀는 "제 인생은 실패했어요"라고 단언한다. 왜 실패했을까? 그녀는 대를 이어 가정부 생활을 했다. 16세에 한 사내와 눈이 맞아 동거에 들어갔고, 여덟 명의 아이를 낳아 길렀다. 남편은 술주정뱅이에 정부를 두었고, 심심하면 그녀를 때렸다. 오랜 세월이 흐른 후 그녀는 남편과 이혼했다. 자신의 삶을 망쳐놓은 데 대해 앙갚음을 한 것이다. 그녀의 남편은 이혼한 지 한 달 만에 죽었다.

젤딘이 줄리엣의 삶에서 중시하는 것은 만남이다. 그녀의 삶에는 오직 피상적인 만남만이 있었다. 심지어 남편까지도 피상적인 만남에 지나지 않았다. 젤딘은 이렇게 아쉬워한다. "줄리엣의 삶을 결정지은 만남들이 아무 것도 아닌 양 피상적으로 지나가지만 않았다면, 더 많은 생각을 나눌 수 있었다면, 그 만남 가운데서 좀더 인간적인 면이 드러날 수만 있었다면, 그녀의 삶은 어쩌면 달라졌을지도 모른다."[34]

젤딘은 줄리엣의 생애를 소개하면서 자신을 실패자로 간주하거나 그렇게 취급되어 온 모든 사람들을 연상한다. 이것은 결국 노예제의 유산이다. 어느덧 그는 '노예제'라는 역사의 대양을 항해하기 시작한다. 그는 동양과 서양, 고대에서 근대까지 시공간을 종횡으로 넘나들면서 노예가 왜, 그리고 어떻게 발생했는지를 탐사한다. 그는 공포 때문에 차라리 노예의 길을 선택한 사람들, 경제적 이유 때문에 채무노예로 전락한 사람들, 일중독 때문에 노예나 다름없는 삶을 사는 사람들을 조명하면서 자유와 예속의 문제를 다시금 환기하는 것이다.

젤딘의 다른 책들이 그렇듯이, 25개의 서로 다른 에피소드로 이루어진 이 책의 내용 또한 요약하여 소개하기가 쉽지 않다. 다만 그가 인간의 감성과 정감에 관해 어떻게 접근하는지를 살피기로 하자. 우선 4장 〈일부 사람들이 고독에 대해 면역성을 얻게 된 경위〉는 콜레트라는 여성 세무관리와의 인터뷰로 시작한다. 빈곤층 출신인 그녀는 장학금을 받아 상급학교에 진학할 수 있었고 나중에 세무서 컴퓨터 담당을 맡았다. 비록 성공한 여성이지만, 그녀는 직장에서 승진할 기회를 얻지 못한다. 남성들의 독점 때문이다. 그녀는 단란한 가정생활을 꾸려나가고 있다. 집안에서는 남편에게 헌신적이다. 그녀는 남편이 성공해야 한다고 믿는다. 승진기회가 없다는 것이 그녀에게 박탈감을 주지 않을까? 그녀는 그렇지 않다고 대답한다. 오히려 그녀에게 중요한 것은 다른 사람의 관심이다. 그녀가 두려워하는 것은 고

독이다.[35] 이리하여 젤딘의 서술은 인간의 고독, 고독의 역사로 옮겨 간다. 그는 인간의 삶에서 외로움이 갖는 의미에 관해 역사적으로 검토한다.

인류의 역사에서 고독은 오래 전부터 낯익은 것이었다. 힌두교 신화에서는 창조주가 외로움 때문에 이 세계를 만들었다고 하지 않던가. 구약의 〈욥기〉에도 친구와 계집종과 아내와 가족에게서 따돌림받는 외로움을 한탄하는 내용이 나온다. 고대부터 사람들은 고독에 대한 면역을 기르기 위해 여러 가지 노력을 기울였다. 은자의 삶에 친숙해진다거나 사회에서 자기성찰을 계속한다거나 유머와 웃음으로 고독에 대한 면역을 기르거나 종교적으로 내면의 신앙을 갖는 것이 고래로부터 내려온 고독 면역법이었다.[36]

고대인들과 달리 현대인들은 외로움을 두려워한다. 그러나 여기에서 젤딘은 발상의 전환을 요구한다. "외로움으로부터 고통을 당하는 것이 인간의 운명이라는 일반론에서 벗어나야 한다. 거꾸로 생각하면 외로움은 모험이다." 혼자 있을 권리 또는 예외로 있을 권리가 다른 사람과 만나고 교제할 권리 못지않게 삶의 중요한 부분을 이룰 때, 고독은 고통일 뿐이라는 일반론을 떨칠 수 있다는 것이다.[37]

《인간의 내밀한 역사》 6장은 〈섹스보다 요리법이 더 중요한 이유〉라는 아주 도발적인 제목이 붙어 있다. 젤딘은 알리샤 이바라스라는 한 여성을 소개한다. 철학교수인 그녀는 젊은 시절부터 특히 바슐라르의 철학에 매료되었다. 알리샤는 프랑스인으로서는 보기 드물게 첫 남편과 아직도 함께 살고 있다. 그렇더라도 그녀의 가정생활에 변화가 전혀 없었던 것은 아니었다. 결혼한 지 10년이 지났을 무렵 그녀는 보헤미안 기질을 가진 한 연극인과 열정적인 사랑을 나누었다. 한동안 별거생활을 하던 그녀는 남편과 다시 결합한다. 그녀는 사람이 섹스의 노예가 될 필요는 없다고 생각하지만, 그래도 섹스란 인생에서 느낌을 불러일으키는 그 무엇이다.[38] 그것은 요리와 비슷하다. 이 시점에서 젤딘은 프랑스 하면 우리가 떠올리는 두 가지 이미지, 즉 섹스와 요리를 자연스럽게 연결짓는다.

누군가 배고픔과 사랑이 세상의 모든 일을 지배한다고 말한 적이 있다. 젤딘은 요리가 행복의 추구와 닮았다고 단언한다. 식도락은 행복의 창조에 음식을 이용하는 기예이다. 먹는 데도 세 가지 방식이 있고 행복을 추구하는 데에도 세 가지 방식이 있으며 이것들은 서로 상통한다. 우선 완전히 배부를 때까지 친숙한 것을 먹는 방법이 있다. 이는 낯선 것, 익숙하지 않은 것은 배제하고 완전히 검증된 것만을 탐닉하는 방식이다. 이물질에 대한 두려움이 여기에서는 도리어 미덕이다. 역사는 대부분 낯선 것에 대한 전쟁을 통해 발전해 오지 않았던가. 낯익고 친숙한 것만으로 둘러싸인 삶에서 사람들은 행복을 느낀다. 다음으로, 낯선 음식도 하나의 재미로 감각에 대한 배려로 먹는 방식이 있다. 식사하는 도중에는 그 낯선 것에 친숙하려고 노력하지만 돌아서면 그뿐이다. 이런 식사법은 단조로운 일상에서 탈출하고 싶은 사람들의 욕구를 일깨운다. 인생도 때로는 신기하고 낯선 것을 찾아나설 때 행복을 느낀다. 마지막으로, 다른 종류끼리 뒤섞어 먹는 방법이 있다. 이른바 혼합fusion 요리가 이에 해당한다. 서로 다른 것들을 결합하고 뒤섞어 새로운 맛을 느끼듯이 삶도 새로운 것과의 융합과 창조를 통해 행복을 추구한다.[39]

이 책 16장은 〈성해방과 소비사회의 풍요에도 불구하고 흔히 삶이 우울한 이유〉라는 제목이 붙어 있다. 이 장에는 아닉 제이유라는 저명한 여성 편집인이 등장한다. 그녀는 시대의 분위기를 남보다 더 빨리 알아채는 재능 때문에 4종의 잡지를 반석 위에 올려놓았다. 처음에는 여성잡지 위주였으나, 나중에는 남성 독자층을 대상으로 예술, 문학, 심리학 등을 주로 다루는 교양잡지도 선을 보였다.[40] 여기에서 젤딘은 페미니스트와는 달리, 남성 위주의 사회에서 자신의 노력으로 성공을 거둔 한 지혜롭고 용기 있는 여성의 모습을 그려낸다. 그녀는 자신의 목표에 충실하면서도 여성의 신비로움 또한 중요하다고 생각한다. "여성은 낯선 사람이나 이방인으로 남아 있어야 하고 신비로움을 지켜야 하고 예상할 수 없어야 합니다."[41] 그러나 이 성공한 여성에게도 역시 인생의 그늘이 있다.

이어서 젤딘은 갑자기 시공간을 뛰어넘어 10세기경 일본으로 무대를 옮긴다. 당시 교토의 상류층 여성 사이에는 소설 쓰기가 유행하고 있었다. 그것은 주로 사적인 연애와 사랑을 기록하기 위한 것이었는데, 귀부인들은 안락한 삶을 따분해하면서도 그와 같은 삶을 상실하지 않을까 두려워한다. 그들은 일상에서 도피하기 위해 연인을 찾지만, 그러면서도 소문이 나지 않을까, 그 사랑을 잃지 않을까 근심한다. 이러한 불안과 근심이 소설 쓰기로 이어진 것이다. 이 시대의 자유분방한 여성들은 사랑이 영원하지 않다는 것을 알면서도 자신의 사랑을 갈구한다.[42]

고대 일본 여성들의 경우를 검토하면서 젤딘은 우울감과 슬픔을 메우기 위해 쾌락을 탐닉해 온 인류의 역사를 성찰한다. 우울함을 벗어

나기 위해 사적 쾌락으로 도피하는 경향이야말로 인류사의 중요한 비밀이다. 현대 소비사회야말로 우울증에서 도피하기 위한 집단적 쾌락 추구의 전형이 아닐까. 그가 소중하게 생각하는 것은 도피로서의 쾌락이 아니라, 자신과 다른 사람을 투명하게 이해할 수 있는 만남과 대화이다.

이 책의 24장은 〈사람들이 서로 우호적으로 대하게 된 경위〉를 살펴본다. 젤딘에게 우호적인 만남은 삶의 미래를 열어줄 가장 강력한 추동력이다. 그는 수학천재로 이름을 날렸지만 알콜에 매달려 암울한 인생을 보내는 올가라는 여성을 소개하면서 만남과 환대의 역사를 탐험한다.[43] 그에 따르면 좀더 심오한 만남, 즉 낯선 미지의 것을 받아들이고 또 환영하기 위해서는 정신이 좀더 다른 방식으로 활동해야만 한다. 현대 사회에서 환대란 각별하게 아는 사람이나 이해관계가 있는 사람을 집에 초대해 식사를 제공하는 것을 뜻한다. 그러나 전통적으로 이러한 환대는 집에 들르는 모든 사람을 대상으로 하는 것이었다. 이런 점에서는 동서양의 차이가 없다. 16세기 이후 영국에서 이와 같은 전통적인 환대의 방식은 점차 쇠퇴한다. 이제 환대의 대상은 친숙하고 잘 아는 사람에게만 국한된다.[44]

여기에서 젤딘은 발상의 전환을 요구한다. 오늘날 사람들은 세계의 낯선 것을 일상적으로 경험할 수 있게 되었다. 교통, 통신, 인터넷, 새로운 지식정보들이 이를 가능하도록 만들었다. 이제야말로 전통적 환대를 다시금 되살려야 할 때가 되었다는 것이다. 환대란 단순히 전통적인 예의만이 아니라 새로운 사상이나 감정까지도 일시적으로나 또는 길게 자신의 마음속에 받아들이는 것을 포함한다. 무엇보다도 열린 정신이 필요한 것이다. 그리고 우리가 열린 정신을 갖기 위해서는 관행과 습관에서 벗어나는 것이 중요하다.

젤딘이 책에서 궁극적으로 강조하는 것은 바로 이것이다. 낯선 것과 다른 것을 받아들일 수 있는 관용이 미래를 새롭게 열어갈 수 있는 열쇠라는 것이다. 타자에 대한 깊은 이해야말로 오늘날의 시대정신이 되어야 한다.

> 똑같은 믿음을 함께 나누는 일은 그 믿음의 해석을 놓고 싸우기 위한 준비였다는 것이 모든 역사의 경험을 통해 확인되었다. 협력은 공동의 목적이 별로 없는 사람들, 서로 경쟁자가 아닌 사람들, 누가 누구를 통제하느냐에 신경 쓰지 않는 사람들 사이에서 가장 효과적으로 이루어졌다.[45]

사실 젤딘 자신의 백과전서식 지식도 바로 이런 맥락에서 이해해야 한다. 그는 유럽 문명의 지적 토양 위에서 자라났지만, 책 전체를 통해서 중국 고대문화나 이슬람 문명에 대한 깊은 이해와 성찰을 보여주고 있다. 그는 오히려 유럽에 기반을 둔 기독교적 사고에 거리를 둔다. 불신자를 이교도라는 배타적인 존재로 취급해서는 안 된다. 그는 그만큼 신자와 협력 가능성이 있는 존재이다. 차이는 오히려 서로의 상상력을 자극한다. 차이를 보여주는 사람과 집단은 세계를 위한 중재자가 될 수 있다.

이런 점에서 젤딘이 동양이라는 타자에 대해서도 깊은 이해를 나타내는 것은 당연한 일이다. 동아시아 사람들의 삶의 세계는 전반적으로 중국인의 치恥라는 부끄러움, 한국인의 한恨이라는 후회와 쓰라

림, 일본인의 인忍이라는 더 나은 시대를 대망하는 인내를 특징으로한다. 이러한 정신은 모두가 다른 것을 포용한다. 유럽의 기독교적 정신에 비해 훨씬 더 포용력이 있으며 부드럽다. 동아시아 국가들의 강점은 오늘날 그들이 서구와 동양의 다양한 사상에 개방적이라는 사실에 있다. 젤딘은 한국인의 현재에 대해서도 깊은 성찰의 수준을 보여준다. 한국은 몇 세기에 걸쳐 유교, 불교, 무속 및 기독교에서 독특한 '실용적 지식체계' (실학)를 이끌어냈다. 실학운동은 사회주의만큼이나 길고도 주목할 만한 역사를 지닌다. 한국인의 독창성은 기독교 인구가 전체의 25퍼센트에 이르렀다는 사실에서 알 수 있는 것이 아니다. 그들이 오늘날 '한국적'이면서 동시에 '현대적인' 여러 문제들을 놓고 끊임없이 논의하고 있다는 사실에서 찾을 수 있다는 것이다.[46]

미래의 삶을 위한 역사

젤딘의 역사 서술을 어떻게 이해해야 할 것인가. 개인의 삶과 그들의 감성을 통해 과거를 살펴보려 한다는 점에서 그는 미시사가들과 비슷한 성향을 보여준다. 그러나 여기에서 중요한 것은 그의 서술 목적이 일반 역사서와 거리를 두고 있다는 점이다. 전통적인 역사가라면 당연히 어떤 형태로든지 과거를 재현하기 위해 역사를 서술한다. 1차 사료에 바탕을 두고 이제껏 알려지지 않은 새로운 내용을 재현하거나 또는 2차 사료의 검토를 통해 이미 서술된 과거를 다른 방식으로 재현함으로써 이전의 역사가가 부여한 것과는 다른 의미를 그 과거에 부여한다. 말하자면 그 나름의 새로운 해석을 내놓는 것이다. 이

것이 일반적으로 합의된 역사가의 작업 내용이다.

이에 비해서 젤딘은 초기 저술을 제외하면, 이와 같은 역사 연구의 관행에 해당하는 작업을 계속하지 않았다. 그는 《프랑스 1848~1945》, 《프랑스인들》, 《인간의 내밀한 역사》 등의 저술에서 역사적 사실에 대한 실증적 연구나 새로운 해석을 제시하려 하지 않는다. 다만 광범한 독서를 바탕으로 고대에서 현대까지 동서양을 넘나드는 박학한 역사 지식을 정감의 역사에 활용하는 방식을 따르고 있다. 이런 점에서 그는 분명 특이한 역사가이다. 그의 작업을 역사 서술의 범주에 집어넣을 수 있느냐는 반론이 나오는 것도 이 때문이다.

실증적 역사가로서 지적 훈련을 받은 젤딘이 전문 역사 서술을 외면하고 새로운 형식을 추구한 까닭이 무엇인지 정확하게 알 수는 없다. 그 자신이 이 문제에 관해서 명확한 답변을 하지 않기 때문이다. 다만 역사가라면 자기 자신만의 스타일을 모색하는 것이 바람직하다고 권유할 뿐이다. 그의 새로운 시도는 아마도 역사가의 글쓰기가 무엇보다도 평범한 사람들을 대상으로 이루어져야 한다는 그 자신의 신념에 힘입은 것이 아닌가 싶다. 그는 대중을 상대로 글을 쓰는 것에서 더 나아가 대중, 그와 동시대를 살아가는 평범한 프랑스 사람들에 관해 글을 쓰기 시작했다. 말하자면 보통사람의, 보통사람에 의한, 그리고 보통사람을 위한 글쓰기 실험을 계속했다고 할 수 있다.

그의 책들이 일관되게 추구한 것은 '인생이란 무엇인가'라는 화두에 대한 해답이었다. 그가 중시한 것은 이성이나 지식의 지배를 받는 것이 아니라 정감과 감성에 지배를 받는 삶의 영역이었다. 그의 저술에서 역사 지식은 인간의 감성 또는 삶 자체에 관한 갖가지 질문에 해답을 구하는 여정의 방향타이자 나침반이다. 이렇게 보면 젤딘은 역사가라고 할 수 없을지도 모른다. 그는 역사적 지식 자체를 추구하지 않았다. 그 역사 지식을 통해 삶의 이해나 인생을 살아가기 위한 지혜를 얻는 데 관심을 기울였다. 지금도 그가 해외 강연이나 좌담회에 참석해서 던지는 질문은 '우리의 삶을 어떻게 살아야 하는가' 또는 '우리는 지금 여기에서 어디로 나아가고 있는가' 등이다.

대학을 은퇴한 후에 젤딘은 이전보다 더 활발하게 강연과 토론 활동에 참여하고 있다. 그가 요즘 관심을 기울이는 문제는 노동의 본질에 관한 것이다. 그는 노동이란 사람들이 깨어 있는 동안에 시도하는 모든 일을 뜻한다고 생각한다. "저는 공장을 찾아가서 젊은이들과 만나고 있어요. 그들은 전통적인 노동의 세계에 만족할 수 없다고 말해요."[47] 깨어 있는 시간에 활동하는 모든 것이 노동이다. 현대의 젊은이들이 노동을 낭비라고 생각한다면, 그 삶은 도대체 무엇을 의미할 수 있을까? 젤딘은 노동의 의미를 새롭게 정립하는 일이 젊은 세대의 미래의 삶을 위해 매우 긴요하다고 주장한다. 그가 세계 여러 지역을 돌아다니며 강연하는 것도 주로 이런 문제들을 사람들에게 알리고 교훈을 주기 위해서이다.

고등교육에서도 그는 새로운 혁신의 필요성을 강조한다. 그가 제시하는 이른바 '초대학super-university'은 기존 대학의 고답적인 교과과정을 벗어나 삶과 밀착된 교육을 이루기 위한 시도이다. 학생들은 새로운 교과과정을 통해 농업과 공업의 세계, 생계를 영위하는 실제 생활 세계, 예술과 미의 창조활동, 자원적인 봉사 등 실제 생활과 관련된 교육활동에 참여한다. 이것 또한 새로운 세기에 사람들이 좀더 새롭고도 행복한 삶을 영위할 수 있는 토대를 마련하기 위한 활동이다.

결국 젤딘은 18세기 계몽주의 시대 백과전서파 학자군의 모습을 보여준다. 그렇지 않으면 인생의 지혜를 설파하는 현대판 구루guru라고 하는 편이 나을지도 모른다. 그는 자신의 독자들에게 인생을 상담하는 카운슬러인 셈이었다. 모든 역사가는 그 자신만의 독창적인 역사를 써야 한다는 젤딘의 명제처럼, 우리는 역사가로서 젤딘을 모방할 수 없다. 그는 역사가 그 자체로서 의미 있는 것이 아니라, 우리의 삶의 거울이고 교훈이어야 한다는 고대적 발상을 재현하고 있다. 젤딘

에게서 역사와 역사 지식이 새롭게 살아 꿈틀거리는 것을 목격한다. 그의 저술에서 역사 지식이 다시금 생명을 얻는 것은 무엇보다도 그가 '미래의 삶을 위한 역사가'이기 때문일 것이다.

66

포터의 다산성은 역사가의 광기이다.
이런 점에서 우리 모두가 광기를 가질 수 있다는
그의 메시지는 매우 시사적이다.

99

로이 포터, 다산성의 미학

어느 역사가의 죽음

2001년 9월 로이 시드니 포터Roy Sidney Porter가 오십대 중반의 나이에 은퇴할 뜻을 밝혔을 때, 동료들은 처음에는 믿지 않았고 다음에는 충격을 받았다. 그는 연구, 강연, 방송 출연과 같은 공식 활동을 줄이고, 런던 남쪽의 한적한 교외에서 시골생활을 즐겼다. 은퇴한 지 불과 몇 달 후에 그가 자전거를 타고 가다가 쓰러졌다는 소식이 전해지자 많은 사람들은 또 한 번 충격에 휩싸였다.[1] 2002년 3월 5일자 《가디

언《*The Guardian*》지는 그의 사망 소식을 이렇게 전한다.

20여 년간 지칠 줄 모르고 수준 높은 책들을 쏟아내어 평단과 학계를 놀라게 했던 역사가, 로이 포터가 3일 사망했다. 향년 55세. 그는 이스트 에식스East Essex 주 세인트 레너즈St. Leonards 근처 그의 농장으로 자전거를 타고 가던 도중에 숨을 거뒀다. 사망 원인은 아직 밝혀지지 않았다. 그는 이전에 '웰컴 의학사연구소The Wellcome Institute for the History of Medicine'의 의료사회사 담당교수였다. 그러나 그는 1~2년 간격으로 출판한 20여 권의 저서, 무수한 비평·편저·연구논문, 다방면에 걸친 방송 활동 등으로 대중에게 널리 알려졌다.[2]

포터를 기억하는 사람들은 대부분 그의 '다산성多産性'을 거의 불가사의한 현상으로 생각한다. '초인superman', 학문에 대한 그의 열정을 묘사하기 위해 떠올릴 수 있는 말은 이것뿐이었다. 그는 다작일 뿐만 아니라 의학사의 경계를 넘어 사회사, 과학사, 문화사에 이르기까지 끊임없이 연구의 지평을 넓혀온 역사가였다. 그러면서도 '장기 18

세기'를 중심으로 그 시대의 다양한 분위기를 세밀하게 되살리는 데 노력을 기울였다. 그가 관심을 쏟았던 대상은 "공간, 지적 운동, 고통의 형식, 광기, 감정, 그리고 사람들"이었다. "역사 만들기making histories"는 삶의 프로젝트였다.[3]

사실 포터의 방대한 역사 서술에 대한 정확한 평가는 좀더 시간이 지난 후에야 가능할 것이다. 그의 다산성을 고려하면 단순히 저술 연보를 간략하게 작성하는 것도 손쉬운 일이 아니다. 나의 경우 그의 이름을 주목한 것이 근래의 일이기 때문에 더욱더 어렵겠다는 생각이 든다. 개인적인 고백을 해야겠다. 1995년 8월인가, 아마 그 무렵이었을 것이다. 런던의 '웰컴 의학사연구소'[4]를 방문한 적이 있다. 한 후배 교수의 부탁으로 그곳에 소장된 몇몇 학술지 논문을 복사하고, 유명한 '의학사박물관'을 둘러보기 위해서였다. 하지만 그때까지만 해도 이 분야에 별 관심이 없었던 나는 부끄럽게도 포터가 그 연구소 교수로 재직하고 있다는 사실을 모르고 있었다.

내가 포터의 저술을 처음 읽은 것은 그로부터 몇 년이 지난 후, 19세기 런던에 관한 논문을 준비할 무렵이었다. 나는 논문 작성에 도움이 되리라는 기대를 가지고 그의 《런던의 사회사London: A Social History》(1994)를 읽기 시작했는데, 곧바로 그 책 속에 빠져들었다. 웰컴 연구소를 방문했을 때 포터에 대한 관심이 깊었으면 좋았을 것이다. 그를 직접 만날 수 없었다고 하더라도 그와 관련된 자료를 모을 수 있었으리라. 이 글을 쓰기 전에 런던의 연구소를 다시 찾았지만, 놀랍게도 포터의 자취며 흔적은 남아 있지 않았다. 다만 그가 사용했다는 연구실 문 앞을 잠시 동안 어슬렁거렸을 뿐이다.

나는 여기에서 포터의 학문 세계를 전반적으로 조명하려는 힘겨운 시도를 하지 않겠다. 다만 내가 활용할 수 있는 단편적인 기삿거리와 자료[5]를 통해 그의 생애와 학문 이력을 간단하게 소개한 후에, 저술 가운데 대중적으로 널리 알려진 《런던의 사회사》(1995)와 최근 저술인 《계몽운동: 브리튼과 근대 세계의 창조*Enlightenment: Britain and the Creation of the Moderm World*》(2001)를 읽은 인상기를 쓰려고 한다.[6]

새로운 전설

포터는 《런던의 사회사》 서문에서 자신의 유년시절을 회상한다. 1946년 12월 31일생인 그는 전쟁 직후 런던 브리지에서 3마일 가량 떨어진 곳, 뉴 크로스 게이트New Cross Gate에서 자랐다. 그곳은 노동계층의 집단거주지였다. 베스널 그린Bethneal Green과 같은 이스트 엔드 지역이 아니면서도 분위기는 비슷했던 모양이다. 그는 가난하던 시절의 그 아련한 기억을 더듬어 집 주위 풍경을 다음과 같이 들려준다.

여러 가지 점에서 옛 과거는 이제 다른 나라가 된 것 같다. 폭격 맞은 집터와 조립주택이 여기저기 흩어져 있었고, 거리 구석에는 철제 구조물들이 토치카처럼 세워져 있었다. 공동주택 주민들은 우유 배달 마차가 오면 그 주위를 둘러쌌다. 누구나 다 서로를 잘 알고 있었다. 캠플린 가Camplin Street의 집들 가운데 일부는 내 유년 시절의 학교가 그러했듯이, 여전히 가스불을 켰다.[7]

1950년대 말 포터의 부모는 인근의 더 좋은 주택단지에 집을 얻어 이주했다. 그의 어린 시절은 순탄했다. 생활이 어려워 돈 쓰는 데에는 인색했지만, 전쟁이 끝나고 완전고용과 경제호황이 계속되면서 집안 형편도 나아졌다. 그의 서문은 자신이 태어난 도시 런던에 대한 한없는 애정이 깃들어 있다. 가난하면서도 행복했던 유년 시절의 추억 또한 감동을 준다.

부모는 보석상점을 운영하였고 외아들인 포터의 교육에 헌신적이었다. 일찍부터 재주가 뛰어났기 때문에 혹시 병원에서 뒤바뀐 아이가 아닐까 하는 헛소문이 돌기도 했다. 서민층 출신인 포터는 경쟁시험으로 입학하는 공립학교state school 가운데 하나인 '윌슨즈 그램머 스쿨Wilson's Grammer School'을 다녔다. 학창시절 교사이자 지도신부chaplin인 데이비드 제퍼슨David Jefferson은 추도식에서 포터가 영리하면서도 배구를 좋아한 학생이었다고 회상했다.[8] 그후 1965년 로이 포터는 케임브리지 크라이스트 칼리지Christ's College의 학부 공개 장학금open scholarship을 받아 진학했는데, 이것은 윌슨즈 스쿨 개교 이래 처음 있는 일이었다.

크라이스트 칼리지에서 그는 존 플럼John H. Plumb의 지도 아래 18세기에 깊은 관심을 갖게 되었다. 《계몽운동》 서문에는 이 시기에 그가 영향을 받았던 플럼과 퀸틴 스키너Quentin Skinner에게 감사하는 마음이 나타나 있다. 그는 1968년에 칼리지를 우등으로 졸업하고 곧바로 학위논문을 준비하기 시작했으며 1974년에 지질학의 형성을 주제로 논문을 완성했다.[9] 1972년 그는 처칠 칼리지Churchill College에서 역사학을 전공하는 학부생들의 지도를 맡는 디렉터director of studies로서 한동안 학생들을 가르치다가 1979년에 케임브리지를 떠나 웰컴 의학사연구소로 자리를 옮겼다.

케임브리지는 포터에게 각별한 의미가 있다. 그는 그곳에서 14년의 세월을 보냈다. 박사과정 학생 시절에도 동료들 사이에서 '현인sage'이라는 별명으로 불렸지만, 특히 처칠 칼리지의 학생들에게 깊은 인상을 남겼던 것 같다. 거의 매일 5시 30분에 일어나 학생들과 함께 독서에 몰두했다. 그리고 일주일에 한 번씩 역사를 전공하는 학부생들을 모아서 토론회를 열었다. 그는 그만큼 케임브리지를 마음 깊이 사랑했다. 그곳이 그의 학문의 고향이었기 때문이다. 그럼에도 왜 갑자기 케임브리지를 떠났을까? 아마 그는 여러모로 케임브리지 역사가들의 스타일과 맞지 않았던 것 같다. 그는 결코 우아하거나 유복하다고 할 수 없었다. 포터는 언젠가 케임브리지의 신비로운 분위기에 빠져들기 싫었다고 말한 적이 있다.[10] 그러나 그보다는 자신을 누르는 그 전통의 무게와 너무나 안락한 분위기가 싫었을지도 모른다.

포터에게 늘 따라다니는 것은 그의 기벽奇癖에 관한 소문이다. 특히 상식을 벗어나는 옷차림 때문에 가끔 구설수에 올랐다. "면직류 자켓denim, 귀걸이, 금목걸이, 대형 반지" 등은 종종 화제의 대상이 되었다.[11] 세 번에 걸친 잦은 이혼과 재혼 또한 성적 탐닉을 연상시켰다. 이같은 탈인습적인 행보에도 불구하고 그가 보수적인 역사학계에서 인정받을 수 있었던 것은 결국 다산성 때문이었다. 그는 1994년에 영국 학술원British Academy의 펠로로, 그리고 왕립 내과학 칼리지Royal College of Physicians 및 왕립 정신의학 칼리지Royal College of Psychiatrists의 명예 펠로로 선임되기도 했다.

사실 포터는 동시대 어느 누구도 따라갈 수 없는 많은 저술을 남긴 역사가이다. 그의 저술은 상식적으로 이해하기 어려울 만큼 방대하다. 그는 1977년 최초의 저서를 펴낸 이래 1~2년 간격으로 20여 권의 저서 및 공저와, 그에 못지않은 편저, 기고논문, 서평들을 남겼다. 그 자신의 설명에 따르면, 1970년대 말 이래 그는 해마다 두세 권의 책을 편집해 왔다. 그리고 해마다 한 권 이상의 책을 저술하였고, 2주일에 세 편 꼴로 서평을 썼다.[12] 내가 확인한 그의 단독 연구서만 보더라도 포터가 지난 20여 년간 의학사, 과학사, 사회사, 사상사를 아우르는 연구대상의 다변화를 추구해 왔다는 것을 알 수 있다.[13] 의학사 영역의 경우 통풍에서 정신병까지, 돌팔이 의사에서 경련까지, 몸에서 성의학까지 다양한 주제들을 가로지르며 자신의 연구영역을 넓혔다.

이와 같이 다양한 포터의 저술 가운데 가장 널리 알려진 것은 광기와 런던에 관한 연구일 것이다. 광기 연구는 그의 의학사 저술의 핵심을 이룬다.《광기의 사회사*A Social History of Madness*》(1987)에서 《광기의 역사*Madness: A Short History*》(1999)에 이르기까지 포터는 일관되

게 미쳤다고 알려진 사람과 정상적인 사람 사이의 긴장관계, 또는 정신질환자와 그를 둘러싼 세계의 관계라는 시각에서 광기 문제에 접근한다.

사실 오늘날 정신질환은 옛 시대의 마녀, 종교적 예언가, 천재 시인과 같은 특정인에 국한된 문제가 아니라, 거의 모든 사람들의 삶과 직결되는 문제이다. 《광기의 사회사》는 24명의 정신질환자들의 이야기이다. 포터는 정신이상자로 알려진 사람들의 내밀한 사고와 개인적 이야기를 탐사한다. 그 이야기들은 정신질환자의 믿음을 그와 그 시대 사이의, 의식의 변증법의 일부로 받아들일 때만이 비로소 이해할 수 있다는 사실을 생생하게 알려준다.

《광기의 역사》는 고대에서 현대에 이르기까지 사회적으로 광기를 어떻게 정의하고 취급해 왔는지를 고찰한다. 포터는 그리스·로마의 철학자들이 설파한 정신병에 관한 자연주의적 사고에서부터, 이 병을 신의 분노나 악마의 장난으로 보는 기독교 신앙까지 고대적 해석을 살핀다. 정신병은 마녀사냥의 비극을 거쳐 계몽주의 시대에 비로소 의학

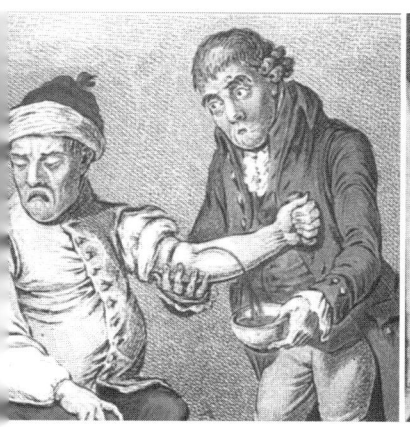

적 차원에서 다루어지기 시작했다. 정신질환에 관한 다양한 보고서들을 원용하면서 포터는 정신병자를 수용하는 여러 시설들에 대한 사회적 관심이 증폭되는 과정을 설명한다. 그리고 이 정신병에 관련된 갖가지 문화적 현상을 소개한 후에, 정신의학의 성립과 처방약의 보급을 이야기한다.

한편 《런던의 사회사》는 포터의 여러 저작 가운데 가장 대중적으로 성공을 거둔 책이라고 할 수 있다. 그는 몇 년간 런던의 역사를 수집하고 집필하는 데 노력을 기울였다. 이 시기에 그는 주말마다 '그레이트 런던Great London'을 답사하는 데 시간을 아끼지 않았다. 말하자면 그는 이 도시의 전기를 쓰겠다는 집념으로 이 작업에 뛰어들었다. 포터의 책에서 런던은 어느덧 단순한 도시가 아니라 스스로 성장하고 변화를 겪으며 의식하는 유기체적 도시로 탈바꿈한다. 서문에서 말했듯이, 그가 이렇게 런던의 사회사에 집착한 것은 자신이 런던 출신이기 때문이었을 것이다. 자신이 태어나서 성장한 도시 런던에 대한 깊은 애정과 이해가 책 전체를 관통하고 있다.

그렇다면 로이 포터의 '다산성'을 어떻게 바라보아야 할 것인가. 1990년대 말에는 거의 일중독증에 걸린 사람 같았다는 여러 일화가 전해진다. 특히 컴퓨터를 이용하면서부터 그는 누에가 실을 토해내듯이 무수한 연구서와 편저를 한꺼번에 쏟아내기 시작했는데, 마치 "책 읽는 속도보다 더 빠르게 글을 쓰는" 것처럼 보였다.[14] 이전에도 꾸준하게 책을 내기는 했지만, 이와 같은 속도에는 미치지 못했다. 포터의 다산성은 장인적 작업의 결과물이라고는 도저히 믿을 수 없을 정도로 대량생산의 속성을 보여준다. 어쩌면 그는 다산성에 대한 강박관념에 사로잡혀 있었는지도 모르겠다. 다산성은 그의 조기 은퇴와 대조적이어서 더욱 불가사의하게 보인다.

1990년대 후반에 이르러 포터는 특히 시간의 효율성에 관심을 나타냈다고 한다. 그는 자신의 작업에 지장을 주는 시간 낭비를 생활의 모든 면에서 없애려고 노력했다. 세 번째 이혼을 주위 사람들에게 일일이 설명하는 것이 귀찮아 이를 알리는 짧은 메모지를 연구실 앞 게시판에 꽂아놓았다거나, 방송에 출연하는 경우를 제외하고는 언제 잠을 자는지 알 수 없을 만큼 항상 연구실을 지켰다는 이야기들이 전해진다. 이 모든 것이 포터의 탈인습적 옷차림이나 행동과 맞물려 새로운 전설을 낳았다.

영원한 도시 런던

《런던의 사회사》는 튜더 시대부터 오늘날까지 런던의 변화를 다룬다. 런던이 유럽뿐만 아니라 세계에서 중요한 도시로 떠오른 것은 튜더-스튜어트 시대 이후의 일이다. 사실 런던은 로만 브리튼 시대에 이미 브리튼 섬에 주둔하는 로마군의 주요 병참기지였다. 이는 그 이름의 어원에서 나타나듯이 템스 강 하구에 위치한 그 지리적 이점 때문이었을 것이다.[15] 앵글로색슨 시대 이래 런던은 정치적 수도이자 교역 중심지로서 위상을 계속 유지했으며, 특히 16세기 이후에는 근대 국가의 성장과 해외무역의 발전에 힘입어 국제무역의 중심지로서 경제적 번영을 누렸다.

초기 자본주의 시대에 이르러 런던 인구도 점차 늘었다. 런던은

1600년 20만 명 수준이었지만 한 세기 후에 50만 명, 그리고 18세기 말에는 100만 명을 헤아렸다.[16] 1650~1750년 사이에 런던 인구가 잉글랜드 및 웨일스 전체 인구 가운데 차지하는 비율은 7퍼센트에서 11퍼센트로 높아졌다. 통계를 보면 같은 기간에 매년 8,000명 이상의 사람들이 유입된 것으로 나타난다.[17] 런던의 성장은 단순히 인구의 자연증가를 넘어 주변 지역의 인구를 흡인하는 그 능력에서 비롯된 것이었다. 왜 이러한 차이가 나타난 것일까? 당시 런던이 새롭게 국제무역의 중심지로 발돋움하면서 구 런던 시가 무역상인과 자산가들이 운집한, 무역 및 상업 활동의 중심 무대가 되었기 때문일 것이다. 왕립 거래소Royal Exchange야말로 이 당시 런던의 무역활동을 나타내는 증표였다. 해외무역만이 아니라 국내의 상업 또한 런던으로 집중되는 경향이 더 짙어졌다. 18세기 코번트 가든을 비롯한 도심가는 값비싼 소비재를 취급하는 상점들이 연이어 들어서 있었다. 문필가 로버트 사우디Robert Southey는 유년 시절을 이렇게 회상한다. "런던에서 내 유년의 삶의 흔적을 말한다면, 나는 항상 상점들 때문에 즐거웠다고 생각한다. 거기에서는 진기하고 아름다운 그 무엇인가를 언제나 볼 수 있었다."[18] 인구가 급증한 런던은 이미 거대한 소비시장을 형성하고 있었던 것이다.

그래도 이것만으로 런던의 성장을 설명하기에는 부족하다. 인근 농촌지역에서 토지와 인간이 함께 얽혀 살아가는 삶의 관행에 변화가 나타나지 않는 한, 대대적인 인구 유입의 물결은 나타나지 않을 것이다. 농촌에서 도시로 인구 이동은 자본주의 초기 단계에서 농민과 토지의 관계가 얼마나 급속하게 변모했는가에 달려 있었다. 굳이 마르크스나 칼 폴라니를 거론하지 않더라도, 새로운 자본주의 질서를 낳은 출발점은 농민이 그의 토지와 분리된 데 있었다. 전통 사회에서 농민은 그의 집과 주위의 텃밭과 인근 사람들의 연결망까지를 포함하는 삶의 터전에 묶여 살았다. 사실 근대 자본주의의 대두는 사람들의 경제활동에서 노동력, 토지, 집, 환경 등이 유기적으로 서로 연결된 질서가 붕괴되고 이 것들이 하나의 단위로서 상품으로 여겨지고 처리될 수 있는 조건이 어떻게 나타나는가에 달려 있었다. 이러한 조건이 대륙에 비해 영국에서 먼저 성숙했다는 것은 잘 알려진 사실이다.

포터는 16, 17세기에 왜 런던이 대륙의 다른 도시에 비해 급속한 인구 증가를 보였는지 상세하게 설명하지는 않는다. 그의 눈길은 볼록 렌즈의 초점처럼 런던이라는 공간에만 맞춰져 있을 뿐 농촌사회의 변화에 대해서는 주목하지 않는다. 사실 영국의 경우 절대주의 국가 초기에 지방행정 단위는 대부분 중세 교회의 교구와 일치했다. 당시 지배세력은 국민 통합을 위한 지방행정의 지름길을 종래의 교구체제에서 찾았던 것이다. 17, 18세기에 이르러 교구제는 국가 발전 및 그에 따른 점진적인 인구 이동과 더불어 현실과 맞지 않게 되었다. 유럽 각국은 자기 나라의 새로운 변화에 대응하면서 그 변화를 반영할 수 있는 새로운 지방행정 조직을 갖추기 시작했다. 이 행정 조직이 수도 또는 중앙과 어떤 역학관계를 가지고 있는지, 그리고 지역민이 이동하는 데에 어떤 행정상의 조치들을 추구했는지에 따라 중앙-지방 관계가 변화를 겪기도 했다.

영국의 지방행정은 교구, 간이심판소 구역petty sessional division, 주

등 세 가지 중층적 제도에 토대를 두고 있었다. 여기에서 교구는 지방의 가장 기본적인 행정단위로서 교회관리, 도로보수, 빈민구호 등의 실질 업무가 이루어지는 기초단위였다. 간이심판소 구역은 행정상의 편의를 위해 20~30여 곳의 교구를 한데 묶어 관할하는 관행을 뜻하고, 주는 지방의 최상위 행정단위로서 주지사가 치안판사를 통솔해 그 지역의 법질서를 유지하고 주요 지역정책을 수립했다.

처음에 이들 조직에서 일반 사람들의 생활과 밀접하게 관련된 단위는 교구였다. 지역간 교통과 물자교류가 이루어지기는 했지만, 교구는 사실상 자립적인 경제단위였다. 이런 상황에서 사람들은 대부분 교구의 경계 안에서 그들의 삶을 살았다고 생각할 수 있다. 사람들이 본원적으로 땅과 밀착해 살아가는, 이른바 '대전환great transformation' 이전의 상태였던 것이다. 그러나 17세기 이래 생활권은 뚜렷한 변화를 보여준다. 그것은 좀더 넓은 영역으로 확대되기 시작했으며, 간이 심판소구역이 특정한 생활권의 경계와 일치하게 되었다. 이는 경제발전에 따른 당연한 결과였고, 이 영역 안에서 이전보다 좀더 자유로운 노동력 이동이 가능했다.[19]

18세기에 지주층이 주도한 의회 인클로저 또한 농촌 사회에 급속한 변화를 가져왔고 인구 이동을 촉발했다. 물론 오늘날 역사가들은 이 시기의 의회 인클로저가 이전에 생각했던 것만큼 대규모로 이루어지지 않았다고 주장한다.[20] 실제로 인클로저는 미들랜즈의 몇몇 주에 집중되었고, 동남부, 북부, 서부 지역에서는 눈에 띄게 나타나지 않았다. 그러나 인클로저를 겪은 지역과 마을 하나하나, 그리고 그 공간 속에 살았던 사람들에게 그것은 아주 새로운 경험이었다. 인클로저를 통해 이전보다 생활이 나아진 사람들도 있었다. 이와는 달리 그렇지 못한 농민 가족과 젊은이들은 점차 고향을 떠나 런던으로 나아갔다.

18세기 후반 이래 런던의 인구 증가는 기본적으로는 산업화와 관련된다. 18세기 말에서 19세기까지 서유럽에서는 적어도 세 차례에 걸쳐 산업화의 물결이 일었다. 이 새로운 변혁은 영국에서 먼저 시작되었고, 프랑스나 독일과 같은 대륙 국가들은 영국의 영향을 받거나 그 사례를 모방해 산업화 과정에 진입했다. 왜 영국이 가장 먼저 산업화에 성공할 수 있었는지 그 원인을 밝히려는 작업은 지난 1세기에 걸쳐 이루어졌지만, 아직도 만족스러운 해답을 찾지 못했다. 그것은 확률의 문제 또는 우연의 결과라는 해석까지 있을 정도이다.[21]

산업화에 따른 가장 눈에 띄는 변화가 인구 증가라는 것은 잘 알려진 사실이다. 전통 사회에서 인구는 증가와 감소를 되풀이해 왔다. 이는 생산기술의 발전이 인구 증가와 맞물려 이루어지지 않기 때문이다. 그러나 산업화와 더불어 사회적 생산력이 높아지면서 늘어나는 인구를 감당할 수 있게 되었다. 여기에서 생산력 발전은 인구 증가의 배후에 있는 좀더 근원적인 배경일 뿐이다. 19세기 유럽의 인구 증가는 무엇보다도 유아 사망률과 결혼연령이 낮아졌기 때문이다. 19세기에 유럽의 인구는 1억 9,300만 명에서 4억 2,300만 명으로 증가했다.[22]

인구 증가와 함께 인구 분포 또한 이전과 다르게 변화한다. 도시 인구가 늘어난 것이다. 잉글랜드와 웨일스의 도시 인구 비율은 1851년에는 50.2퍼센트에 이르렀다. 인구 증가는 수도를 중심으로 소비재 산업의 발전을 자극했다. 런던에서 고용을 창출하는 데 가장 커다란 기여를 한 것은 서비스 부문이었다. 실제로 19세기 영국 경제는 지역적으로 런던 및 동남부의 상업-금융과 북서부의 공업이라고 하는 '이중경제'의 특징을 띠고 있었다. 사실 18세기 이래 런던항과 구 런던 시는 해외무역의 중심지이자 영국 및 유럽 여러 나라의 투자자본을 처리하는 금융기지였다. 제국의 확대와 함께 금융·보험·해운 등 중간 계급 직종에서 고용이 증가했다.

포터에 따르면, 철도야말로 19세기 런던의 발전에 중요한 영향을 미쳤다. 19세기에 증기기관차는 새로운 근대성의 신화나 마찬가지였다. 산업화 시대 수도의 팽창과정에서 철도의 역할은 매우 중요하다. 어느 나라든지 수도가 철도망의 중심축으로 자리 잡았기 때문이다. 수도권을 중심으로 철도망이 방사선형으로 형성될수록 수도로의 인구집중을 자극했다. 사실 철도는 세 차례에 걸쳐 진행된 산업화의 물결과는 달리 유럽 주요 국가에서 거의 동시에 확장되었다. 철도혁명이 영국 산업화의 종착역이었다면 대륙의 다른 나라에서 그것은 산업화의 시발역이었던 셈이다.

런던에서 철도가 처음 등장한 것은 1836년의 일이다. 개별 철도회사들이 이미 조성된 도심의 근교에 터미널 역을 세우고 철도노선을 깔았다. 그 당시만 하더라도 철도란 근거리보다는 원거리 교통을 겨냥한 것이었다. 당시 철도사업가들은 터미널 역이 도심에서 멀리 떨어져 있다는 점을 별로 심각하게 생각하지 않았다. 사실 귀족 지주와 구 런던 시의 금융가들 또한 철도가 초래할 무질서 때문에 도심에 터미널 역을 세우는 것을 좋아하지 않았다. 런던과 버밍엄을 연결하는 노선의 터미널 역은 지금의 유스턴Euston 역에서 11마일 떨어진 교외

의 해로Harrow에, 그리고 대서부철도 노선의 경우도 지금의 패딩턴 Paddington 역에서 6마일 떨어진 일링Ealing에 세워졌다.

그러나 당대에 앞날을 내다본 도시계획가들은 철도역이 제멋대로 분산되어 있다는 사실을 개탄하기도 했다. 그들의 우려는 곧바로 현실로 나타났다. 그후 도심간 근거리 교통의 중요성이 높아지면서 터미널 역은 도심 가까운 곳으로 이천되는 경향이 있었다.[23] 그렇더라도 런던 전체의 철도수송체계라는 점에서 보면 아주 비효율적이었다. 유럽 대륙에서와 같은 중앙역을 건설해야 한다는 주장이 제기되기도 했지만, 각 노선을 운영하는 여러 철도회사들의 이해를 조정하기에는 너무 늦은 감이 있었다. 1850년대 중엽 런던의 철도망은 버밍엄, 미들랜즈, 북부, 이스트 앵글리아, 남부 해안, 브리스톨 등 전국 각 지방과 연결되었다. 같은 세기 말 런던에는 유스턴, 패딩턴, 킹스크로스 King's Cross, 세인트 팬크라스St. Pancrass, 채링크로스Charing Cross, 빅토리아Victoria, 워털루Waterloo 등 모두 15곳의 터미널 역이 자리 잡았다.

오늘날 증기기관차는 한풀 꺾인 산업주의의 고색창연한 유물로 남아 있다. 이즈음에는 공원이나 유원지에서 호기심 어린 관광객에게 그 모습을 보여줄 뿐이다. 사실 증기기관차뿐만 아니라 19세기에 깔린 철도와 그 주변 풍경이 전근대적 인상을 심어주기도 한다. 이를테면 덜컹거리는 완행열차를 타고 영국의 시골 지방을 여행한다고 상상해 보라. 창밖으로 시원스레 펼쳐진 구릉과 한가로이 양떼가 노니는 초원과 밀밭, 그리고 이따금씩 차창을 스치고 지나가는 오래된 마을들의 풍경 등, 이런 정경이 곳곳에 펼쳐지는 것이다. 그러나 이러한 고졸적 풍경과는 달리, 19세기에 철도의 위력은 참으로 대단한 것이었다.

수도로 유입 인구가 급증하면서 주거환경은 갈수록 악화되었다. 특히 날품팔이 노동자나 빈곤층이 집단적으로 거주하는 빈민지역이 확대되었다. 런던의 경우 구 런던 시 동쪽의 템스 강 북안의 런던항 인근에 광범한 빈민지역East End이 형성되었다. '슬럼slum'은 유입되는 인구에 비해 주택공급이 부족할 경우에 확대되는 것이 일반적이다. 이들 지역은 일용노동시장의 하부구조infrastructure이자 범죄자와 부랑민들의 집단거주지이기도 했다. 런던의 이스트 엔드는 날품팔이 노동자와 실업자, 거리의 부랑아와 뜨내기 행상, 창녀로 들끓었다.

18세기에 영국에 호감을 가지고 있었던 볼테르는 런던을 사회적 자유와 이동의 요람으로 바라보았지만, 영국의 지식인들은 런던의 모습에서 바빌론이나 소돔을 연상했다. 같은 세기에 시인 윌리엄 블레이크William Blake는 〈런던〉에서 "굴뚝 청소하는 어린아이의 울음소리"와 "불행한 병사의 한숨"과 "젊은 창녀의 저주"를 읊는다. 그 시대 사람들은 불결한 도시를 혹wen이라 불렀는데, 런던이야말로 그 가운데서도 '가장 커다란 혹Great Wen' 이었다.[24] 1813년 급진파 인사였던 리처드 필립스Richard Phillips는 런던의 모습에서 다음과 같이 미래의 몰락을 예견하지 않을 수 없었다.

주민들이 거주할 집들이 많이 건설되겠지만, 어떤 시·구는 걸식과 악덕이 만연하거나 인구가 줄어들 것이다. 이러한 질환은 인간 신체의 소모증처럼 퍼져나가리라. 곳곳이 폐허로 변해 나머지 주민들이 도시 전체를 혐오하게 될 것이다. 마침내 도시 전체가 폐허더미로 변하겠지. 이것이 과잉 성장한 도시 쇠락의 원인이다. 니네베Nineveh, 바빌론, 안티오크, 테베Thebes 등도 폐허로만 남아 있지 않는가. 로마, 델피, 알렉산드리아도 똑같은 필연적인 운명을 공유한다. 그리고 런던도 언젠가 비슷한 이유로 모든 인간적인 것의 숙명에 굴복해야 한다.[25]

포터는 도심뿐만 아니라 근교의 발전에도 주목한다. 런던에서는 이미 18세기 후반부터 부르주아지를 중심으로 탈도심 현상이 나타났다. 이 시기에 도심에서 떨어진 웨스트 엔드West End에 교외 주택단지가 들어서기 시작했는데, 이러한 도심 탈출은 한편으로는 전통적 도심의 과밀화에 대한 반작용이자 기독교 가정의 구원을 강조하는 복음운동의 영향 때문이기도 했다.[26] 19세기에는 상층 부르주아뿐만 아니라 중간계급과 노동계급을 겨냥한 교외 주택단지 개발이 꾸준하게 이루어졌다. 19세기에 일반화된 표준형 주택으로 이전의 단독 이층집 detached house 외에 한 지붕 아래 두 가구가 붙어 있는 이층집semi-detached house이나 연립 이층집terraced house이 대중 앞에 선보였다. 이러한 교외 개발은 대부분 철도의 지선을 따라 주택단지를 건설하는 리본식 개발의 특징을 보여준다.

이와 함께 빅토리아 시대의 번영기에 도심을 재개발하려는 움직임이 두드러졌다. 먼저 런던은 세계에서 가장 큰 도시였다. 19세기 중엽에는 뉴욕과 파리를 합친 크기였고, 세기 말에도 다른 도시들에 비해 절대적 우위는 변함이 없었다. 이에 덧붙여 해외 식민제국의 수도답게 세계 각지에서 흘러들어온 다양한 인종들의 전시장이었다. 당시

영국인들은 런던을 당연히 세계의 중심이라고 생각했다. 런던 외곽의 그리니치 천문대를 본초자오선의 기점으로 정한 것도 어쩌면 그들에게는 당연한 일이었다.[27] 프랑스 파리나 독일 베를린과 같은 경쟁 도시들이 유럽 대륙의 중심 도시를 둘러싸고 경쟁하고 있다면, 런던은 유럽을 넘어서 해외의 모든 지역과 연결되는 도시였다. 개방성과 다양성은 런던만이 내세울 수 있는 새로운 정체성이 되었다.

19세기 후반에도 지식인들 사이에 런던의 과밀화와 빈곤을 우려하는 강한 목소리는 여전했지만, 다른 한편으로는 런던의 문화적 우월성을 확인하려는 노력도 이어졌다. 예컨대 도심에 독자적인 문화공간을 조성하려는 노력이 눈에 띈다. 이 시대에 런던 도심은 이른바 빅토리아풍의 대형 석조건물로 채워지기 시작했다. 이들 건축물은 공연이나 전시 등 고급문화를 즐길 수 있는 대형 공간이었다. 대영박물관 신축은 물론, 로열 앨버트 홀, 빅토리아 앨버트 박물관, 자연사박물관, 왕립미술관National Gallery 등이 모두 이 시기에 세워졌다. 귀족들의 사유지도 공원이나 광장 형태로 개발하여 일반에게 문을 열었다. 블룸즈버리 광장, 레스터 광장, 켄징턴 파크 등이 이에 해당한다. 이러한 움직임은 런던 도심의 고급문화를 상징하는 것이었다. 이와 함께 도심을 벗어나면 철도 노선을 따라 리본식으로 개발된 교외가 사람들의 눈길을 끌었다. 두세 가지 형태의 이층집들로 단조롭게 형성된 주택단지가 숲과 공원을 경계로 이곳저곳에 들어섰다. 그 풍경은 세계 최대 규모를 자랑하는 도시에 어울리지 않게 전원적인 분위기를 풍겼다. 존 러스킨을 비롯한 영국의 지식인들이 강조한 '잉글랜드 정원England garden'이라는 말은 거대도시 런던에도 부분적으로 해당하는 것이었다.

포터는 19세기 말 이후 이제 성장이 멈춰버린 런던의 낙조를 예상한다. 첨단과 번영의 표상이던 런던은 어느덧 세계의 인종전시장으로, 그리고 빈곤지역의 대명사로 자리잡았다. 특히 2차 세계대전 이후 가속된 런던의 쇠락은 곧 영제국의 쇠퇴를 뜻하는 것이었다. 포터는 이 단계에 이르러 런던의 침체와 조락을 담담하게 받아들이지만, 그러면서도 이 도시가 그 난관을 뚫고 영원성을 견지하리라는 희망을 버리지 않는다.

계몽운동, '영국적인 것'의 의미

《계몽운동: 브리튼과 근대 세계의 창조》는 로이 포터의 마지막 저술들 가운데 하나이다. 이 책은 겉으로는 의학사에서 사회사로 연구 영역을 넓혀간 그의 학문 궤적과 조금 거리가 있는 것처럼 보인다. 그러나 그가 플럼의 영향 아래 오랫동안 18세기사 연구를 심화시켰고, 또 처칠 칼리지의 학감으로 지낼 때 학생들과 함께 탐구하고 토론했던 주제가 18세기 계몽운동이라는 점을 고려하면, 이 책이야말로 그가 젊은 시절부터 오랫동안 연구해 온 결과물이라는 것을 짐작할 수 있다.

오늘날 역사가들은 계몽사상을 단순한 지식인 운동으로 생각하지 않는다. 이들은 저자와 독자의 상호성, 그리고 그들이 형성하는 공공영역public realm을 중심으로 이루어지는 공론장을 중시한다.[28] 포터 또한 이러한 맥락에서 영국 계몽사상의 흐름을 탐색한다. 그가 이 책에서 주장하는 논지는 비교적 단순하다. 18세기 영국에서는 프랑스나

Here, in the Rich, the Honour'd, Fam'd, and Great,
See the false Scale of Happiness complete: POPE
To Life and Pow'r, how near ally'd is Death:
The utmost distance ― but a puff of Breath. ANON
Is Man no more than this? ―
Consider him well. ―
― Unaccommodated Man, is no more:
But such a poor, bare, forked Animal
As thou art: ― SHAKESPEAR
What a piece of Work is Man: how noble in Reason: how infinite in Faculty: in Form and Moving, how express and admirable: in Action, how like an Angel! in Apprehension, how like a God! the Beauty of the World; the Paragon of Animals; and yet, to Me, what is this Quintessence of Dust? Man delights not Me. SHAKESPEAR
An honest Man's the noblest work of God. POPE
― Proud Man:
Dress'd in a little brief Authority,
As makes the Angels weep.
Behold the Child, by Nature's
KNOW THY SELF.
THE PROPER STUDY OF MANKIND IS MAN. Pope
LOCKE
NEWTON
PLAY

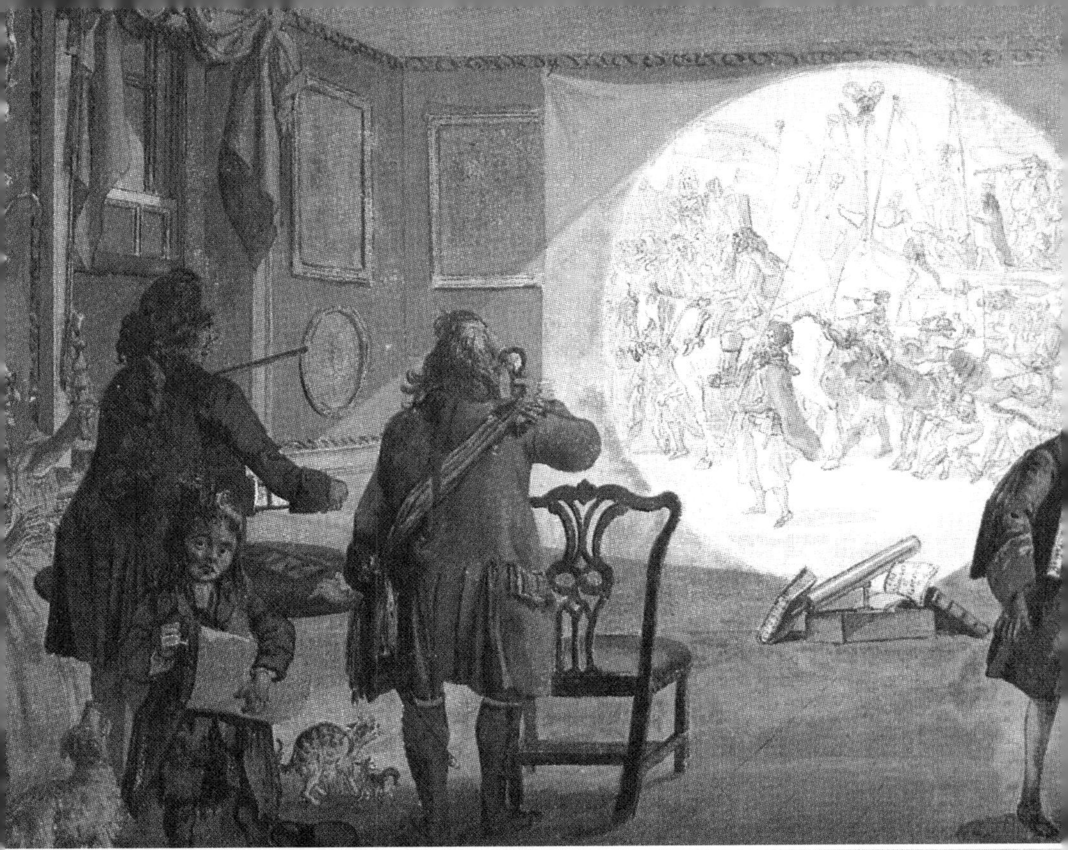

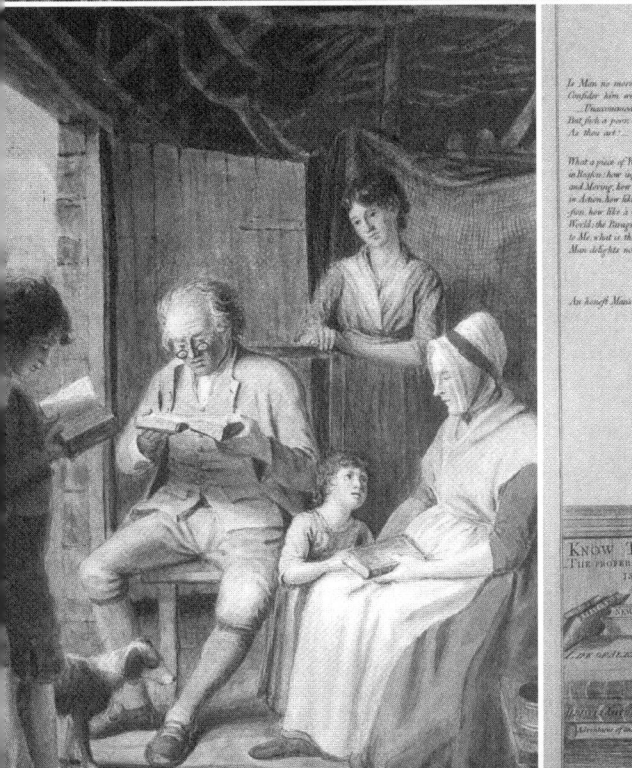

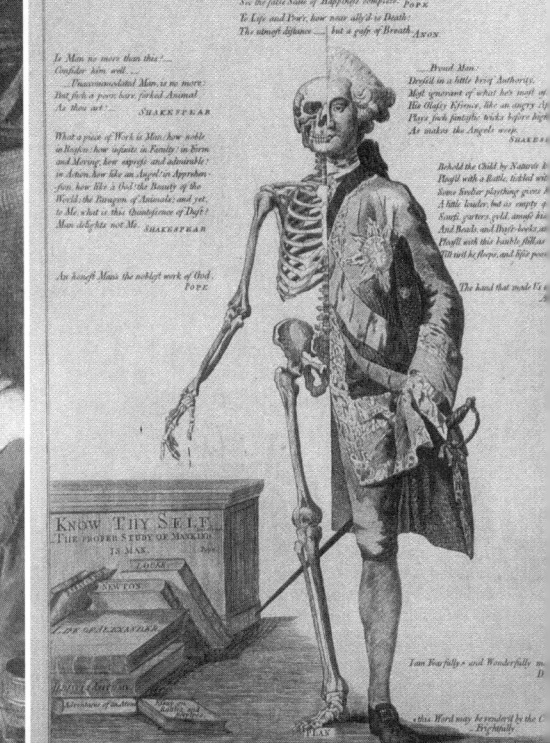

독일의 계몽사상에 못지않게 중요한 계몽운동이 전개되었다는 것이다. 이를 위해 그는 종교, 과학, 인문학, 정치학 등 다양한 분야의 지적 담론을 치밀하게 추적해 이 시기 계몽운동의 역동성을 밝혀냈다.

그렇다면 그가 굳이 영국 계몽사상의 중요성을 강조하는 까닭은 무엇인가? 그동안 유럽의 역사 서술에서 계몽사상은 단일한 전개과정을 거친 지적 운동으로 여겨졌다. 이에 따라 프랑스 계몽사상가들을 중심으로 독일과 스코틀랜드 계몽운동이 이 지적 운동의 가장 중요한 서사를 형성해 왔다. 영국의 역사가들 또한 신기하게도 잉글랜드의 사례에 대해서는 별다른 관심을 기울이지 않았다. 계몽사상은 오히려 부정적 의미로 다뤄지기도 했다. 예를 들어 《옥스퍼드 영어소사전 *The Shorter Oxford English Dictionary*》은 1973년판에 이르러서야 '계몽운동 enlightenment'에 대해 "천박하면서도 자기과시적인 주지주의 intellectualism"이며 "권위와 전통에 대한 비이성적인 멸시"라고 평가 절하했던 이전의 기술을 수정했다.

계몽운동에 대한 후대 사람들의 평가절하와는 달리, 18세기의 지식인들은 영국의 지적 분위기를 높이 평가하고 있다. 볼테르는 잉글랜드를 "철학자의 나라"라고 불렀으며, 대륙의 다른 학자들도 영국을 "근대의 탄생지"로 여겼다.[29] 18세기 내내 대륙의 여러 지식인들이 영국을 방문하고서 그 당시의 지적 혁신과 분위기에 감탄했다. 이와 같이 동시대 사람들이 영국을 계몽주의 시대의 중심지로 바라보았던 데 비해, 왜 후대의 사람들은 그 사실을 외면했을까? 포터에 따르면, 그것은 계몽운동과 혁명 사이의 관계라는 맥락에서 이해할 수 있다. 프랑스에서 계몽사상은 혁명을 잉태했다고 여겨졌다. 그러나 혁명이 급진적으로 변하면서 그 파국적 영향을 두려워 한 18세기 말 영국의 지배층과 지식인들은 계몽사상의 중요성 자체를 부정하는 경향을 띠게 되었다. 혁명을 계몽사상의 필연적 결과로 생각하면서 이들은 혁명이 없다는 것은 계몽사상의 부재를 뜻한다는, 순환논리의 함정에 빠졌다.

포터는 이러한 순환논리에서 영국의 계몽사상을 구출하려는 명백한 의도를 보여준다. 그가 보기에, 계몽사상은 역사가들의 '후방가늠자hindsight'에 의해 제멋대로 왜곡되었으며 그 왜곡된 결과가 선입견으로 남아 있다. 그는 이러한 편견을 지적하면서 다음과 같이 말한다.

> 나는 이 책이 계몽사상을 위한 옹호론이나 변론이 아니라 분석적인 저술로 읽힐 것이라고 굳게 믿는다. 계몽운동은 좋은 것도 또 나쁜 것도 아니다. 그것은 갈채를 받아야 할 것도 또 비난받아야 할 것도 아니다. 다른 어느 것과도 달리, 영웅이냐 악당이냐 식의 판별주의judgementalism는 불합리한 것이다. 내가 지겨울 정도로 주장하는 것처럼, 단선적인 계몽 프로젝트Enlightenment project는 결코 존재하지 않는다.[30]

영국 계몽운동에 관한 로이 포터의 설명을 좀더 구체적으로 살펴보자. '장기 18세기'에 영국은 이전 시대에 비해 커다란 사회경제적 변화(절대왕정의 전복, 인구 증가, 도시화, 상업혁명, 산업화의 여러 기원들)를 겪었다. 이러한 변화와 함께 지식인을 포함한 대다수 사람들의 의식과 가치 체계에도 변화의 바람이 일었다. 특히 고급문화에서 이러한 변화가 두드러지게 나타나는데, 그 이면에 계몽운동이 자리잡고 있었다.[31] 영국의 계몽운동은 대륙과는 달리 실용적 측면이 강했으며, 무엇보다도 종교적 관용과 과학에 관심을 보였다. 영국의 계몽운동은 '신앙에서 과학으로'라는 슬로건에 가장 가까운 지적 변화였다고 할 수 있다.

우선 종교적 관용은 기존 기독교 신앙에 대한 회의주의에 뿌리를 두고 나타났다. 이전에 지배적이었던 프로테스탄트 성서주의 scripturalism에 변화의 물결이 일었다. "성경의 모든 말이 성령의 계시로 씌어졌다는 믿음"은 "절대자 아래서 인간 운명에 대한 좀더 낙관적인 모델을 수반하는 새로운 합리적 신앙"으로 바뀌었다.[32] 로이 포터는 다음과 같이 말한다.

> 계몽된 정신은 신앙을 일단의 계율체계와 ……더 이상 동일한 것으로 바라보지 않았다. 신앙은 개인의 이성이 법적 관용에 따라 용인된 다종교문화 안에서 판단해야 할 개인적 결단의 문제가 되었다. 이 시기에 성공회 Anglican Church는 교육 및 도덕 장려에 대한 독점적인 지위를 잃었다. 종교가 이성에 종속되면서 기독교는 더 이상 '주어진given' 것이 아니었고 이제는 분석과 선택의 문제가 되었다.[33]

그렇다면 이러한 분위기는 이전 시대와 얼마나 다른가? 17세기까지만 하더라도 이성과 신앙은 하나이며 함께 있어야 한다는 주장이 강했다. 그러나 18세기에 종교와 신앙은 이성을 통해서 분석해야 할 대상이 된다. 이러한 객관화 또는 객체화가 바로 종교적 관용과 다원주의로 나가는 길을 닦았다.

다음으로, 지식인 사회에서 뉴턴의 후광 아래 자연과학과 사회과학이 다 같이 발전하기 시작했다. 과학의 출현이란 지식을 습득하는 방법의 변화를 의미한다. "과학적 방법, 정치적 산술, 개연적 사고, 체계적 관찰, 실험, 계량화" 등의 방법이 강조되고 신뢰성을 얻었다.[34] 이러한 방법은 자연을 관찰하는 학문에만 국한되지 않았다. 신앙에서 과학으로 무게중심이 이동하면서 이전보다 더 광범한 지식자본 intellectual capital이 새로운 인간과학 또는 사회과학을 형성하는 데 투입되었다. 토마스 홉스Thomas Hobbes, 존 로크John Locke, 데이비드 흄David Hume과 같은 당대의 뛰어난 학자들은 물론, 새뮤얼 클라크Samuel Clarke, 존 톨런드John Toland, 앤서니 애슐리Anthoney Ashley, 앤서니 콜린스Anthony Collins, 버나드 드 맨더빌Bernard de Mandeville, 데이비드 하틀리David Hartley, 이래즈머스 다윈Erasmus Darwin 등 여러 지식인들이 인간의 정신과 감정에 대한 심층적인 탐사를 토대로 오늘날 인문학 및 사회과학의 여러 분야(종교학, 철학, 심리학, 경제학, 인류학, 사회학 등)에서 다루는 주제들을 연구대상으로 삼았다. 이러한 분석은 곧바로 정태적 사회질서의 버팀목 역할을 하던 전통 규범 및 신성한 권력에 대한 성찰과 비판으로 이어졌다. 그 결과 행복을 뒤좇고 공리주의적 개혁을 추구하려는 경향이 나타났다.[35]

포터가 강조하는 것은 바로 이 점이다. 계몽운동은 '구체적으로' 사회를 변화시켰던 것이다. 우선 그것은 저자와 독서층의 상호작용을 통해 새로운 도덕적 가치, 맛, 사교sociality 스타일 등 새로운 규범들을 만들어냈다. 이 규범들이 사회 변화를 이끌어냈다는 점에서 영국의 계몽운동은 매우 실용적인 것이었다. 그에 따르면, 이 새로운 규범들은 도시 재개발, 병원, 학교, 공장, 감옥의 설립, 교통의 발전, 상품,

소비자 행동의 확산, 새로운 상업 및 서비스 시장의 창출과 직간접적으로 관련된다.

다음으로 삶의 태도 또는 일상생활의 분위기 자체가 급속하게 바뀌었다. 사람들 사이에 행복을 추구하고 쾌락을 즐기는 것이 삶의 목적이라는 분위기가 널리 퍼졌으며 이것이야말로 영국 근대사에서 경제적 자유주의와 자유방임주의의 토대가 되었다. 이와 함께 일종의 감성적 개인주의affective individualism라고 할 수 있는 풍조도 나타났다. 가족 또는 자녀에 대한 애정과 사랑, 배우자의 선택, 여성해방 등의 움직임이 일었다.[36] 그러나 계몽사상의 담지자들은 다른 한편으로는 자아해방과 쾌락추구가 일반적으로 두려워하는 도덕적 폐해와 사회적 혼란을 초래하지 않고서도 과감하게 시도할 만하다는 것을 입증할 필요가 있었다. 소돔Sodom과 고모라Gomorrah, 바빌론과 로마, 이 모두는 쾌락을 추구했기 때문에 멸망하지 않았는가. 성서는 이러한 두려움의 원천이었다. 홉스와 로크의 정치이론은 이러한 두려움을 해결할 필요성에서 비롯되었다고 할 수 있다. 결국 사회생활에서 부와 쾌락의 추구, 감성적 자아의 발견, 사회적 출세와 패션의 즐거움이 징벌과 심판이라고 하는 종교적·도덕적 의상을 벗겨냈다. 새로운 감성과 시장경제는 처음부터 함께 맞물려 출현했던 것이다.

요컨대, 포터의 《계몽운동》은 새로운 사실들을 밝혀내는 저술이 아니다. 이미 알려진 18세기 식자층의 담론을 정리함으로써 그 시대 계몽운동의 특성과 그에 따른 사회 변화를 다루었다. 프랑스 계몽사상이 정치적 변화와 연결되었다면, 영국의 운동은 식자층에게서 서민으로 그 중요한 가치들이 전파되면서 자아의 해방에 기초를 둔 새로운

사회를 만들어냈으며 이것은 자유로운 시장경제의 발전과 병행했다. 18세기 이후 영국은 '소유적 개인주의possessive individualism'와 '감성적 개인주의'가 서로 교차하는 사회적 풍경을 보여준다.

이 책은 단순히 영국 계몽운동의 제자리찾기뿐만 아니라 영국사에서 18세기의 의미가 무엇인가라는 문제를 다시 성찰하게 만든다. 사실 한 세대 전만 하더라도 그 세기는 영국사 연구에서 주목을 받지 못한 시기였다. 영국혁명과 산업혁명이라는 흥미로운 주제를 중심으로 정치사 또는 사회사 연구가 활발하게 이루어지던 그 전후시기에 비해, 18세기는 하노버 왕조의 같은 이름을 가진 왕들이 연이어 승계한 것만큼이나 특색이 없는 그렇고 그런 시대로 여겨졌던 것이다. 그러나 근래에 18세기는 영국사 가운데서도 가장 매력적이고 연구가 활발한 분야로 꼽힌다. 포터의 일련의 연구활동은 이 시대에 대한 사람들의 관심과 호기심을 증폭시켰다. 더 나아가 그의 《계몽운동》은 최근까지 이루어진 18세기사 연구성과를 반영하면서 그 시대의 정신적 분위기와 삶의 풍경을 형상화한 노작이라고 할 수 있다.

포터가 그려낸 18세기 영국의 풍경은 한마디로 생각보다 훨씬 더 활력이 넘치고 역동적인 사회였다. 상업과 무역의 발전을 바탕으로 세속적인 삶의 태도와 일상생활이 사람들 사이에 널리 자리 잡았고, 개인의 생활과 감성적인 자아의식이 종교적 속박을 뚫고 분출했다. 아마 영국이 프랑스와 경쟁에서 우위를 차지하면서 제국 형성의 기초를 마련한 것도 이와 같은 시대적 분위기를 배경으로 했을 것이다. 실제로 18세기에 영국은 정치적 안정을 유지하면서 아메리카, 아프리카 및 아시아 지역으로 세력을 넓혔다. 여러 차례 프랑스와의 전쟁에서 승리를 거둔 이후 해외시장에서 영국의 지배권은 더욱 더 확고해졌다. 비록 미국 독립전쟁에서 일시적으로 좌절을 맛보기도 했지만, 에스파냐 왕위계승전쟁과 7년 전쟁을 거쳐 나폴레옹 전쟁에 이르기까지 영국은 프랑스와의 전쟁에서 우위를 보였다. 그리고 그때마다 해외 식민지 경쟁에서 유리한 위치를 차지했다. 광범한 해외 식민지에 바탕을 둔 영제국의 근간은 이미 18세기에 다져졌던 것이다.

다산성을 다시 생각한다

2001년 11월 30일 영국 학술원은 로이 포터의 《계몽운동》을 비롯한 6종의 저서를 '학술원 저작상British Academy Prize'으로 뽑았다. 잘 알려진 대로, 이 학술원은 1902년에 국왕 칙령에 의해 설립된, 인문학 및 사회과학 분야의 학술단체이다.[37] 이 저작상은 학술적으로 뛰어나면서도 전문가가 아닌 일반 독자층도 쉽게 읽을 수 있는 연구서의 저술과 출판을 장려하여, 인문학 및 사회과학에 대한 대중의 이해를 높이려는 목적으로 2001년에 처음 제정되었다. 《계몽운동》에 대한 심사평은 다음과 같다.

로이 포터는 계몽운동 연구가 근대사에서 가장 불분명한 것 가운데 하나라고 주장한다. 그는 브리튼이 18세기에 사상, 과학, 무역, 상업, 문학 등에서 세계를 이끌었음을 인지할 때가 되었다고 말한다. 그는 역사가들이 어떻게 스코틀랜드 계몽운동을 치켜올리는 반면에 경계 남쪽(잉글랜드)의 활동을 무시하고 있는지 보여준다. 그는 이성의 후견 아래 한 시대에 내재하는 '로마적인Roman' 견해가 그 시대의 진정한 정신을 무시하고 있다고 주장한다. 그 시대는 커뮤니케이션이 번창하고 매체가 확대되며 개념들이 미신을 대체하는 근대가 나타나고 있었다. 정치권력이 교회와 궁정으로부터 새롭게 번영하는 중산계급과 제4신분으로 급속하게 이동하는 시대이기도 했다. 무엇이 실제로 계몽운동을 추진시켜 나갔는가? 번영, 무역, 매체가 결정적이었다. 이 시대의 핵심은 아주 커다란 영향을 주는 존재, 지식인이었다. 존슨 박사, 존 로크, 데이비드 흄과 같은 선각자들이 있었다. 그러나 또한 그들의 이상을 열심히 흡수한 무수한 개인들이 존재했다. 전문인들이 토론할 때임을 알아차린 '시끄러운 계급들chattering classes' 이 태어난 최초의 시대였던 것이다.

포터는 제1회 영국 학술원 저작상을 받고 얼마 후에 세상을 떠났다. 나는 여기에서 한 역사가의 삶과 죽음을 다시 생각한다. 겉으로 보면 그는 대학의 울타리를 벗어나 있었지만, 그렇기 때문에 오히려 일생을 연구에 매진할 수 있었을 것이다. 그러면서도 그의 다산성과 탈인습적 행동은 우리가 알 수 없는 어떤 심리적 요인과 밀접하게 관련되어 있는 듯이 보인다. 물론 다산성은 역사가로서의 뛰어난 자질이 없이는 불가능하다.

포터는 탁월한 역사가였다. 여기저기 흩어져 있는 단편들을 한데 모아 일관된 서사로 꿰어 맞추는 뛰어난 재주를 가지고 있었다. 그는 탐사중인 시대의 자료를 만나면 어느 것이든지 미다스Midas 왕의 손끝처럼 자신의 역사 서술의 원재료로 녹여낼 수 있었다. 그는 동시대 기록은 물론, 필요하다면 문학작품, 만평caricature, 인구자료, 편지,

일기 등 갖가지 형태의 역사적 단편들을 끊임없이 동원한다.

그러나 거의 일중독증처럼 보이는 그의 다산성은 뛰어난 자질의 결과만은 아니다. 나는 그의 다산성에는 다분히 심리적 요인이 작용했다고 생각한다. 하지만 그 요인이 구체적으로 무엇인지 알기 어렵다. 그는 18세기 비평가 새뮤얼 존슨Samuel Johnson을 높이 평가했는데, 존슨 또한 다산성으로 널리 알려진 문필가였다. 포터는 끊임없이 텍스트를 생산함으로써 텍스트에 대한 불신을 지우려고 했던 것 같다. 그는 '고전'이라는 텍스트를 불신했다고 한다. 어떤 역사 서술이든지 후대에 나온 것보다 더 나을 수 없다. 그는 자신의 텍스트에 대한 불신을 넘어서기 위해 누에가 실을 토하듯이 또 다른 텍스트들을 내놓은 것처럼 보인다. 텍스트의 불완전성, 그가 유난히 공저와 편저에 집착한 것도 이와 관련될지도 모른다.

포터의 다산성은 역사가의 광기이다. 이런 점에서 우리 모두가 광기를 가질 수 있다는 그의 메시지는 매우 시사적이다. 그가 오십대 중반의 나이에 갑자기 은퇴하기로 한 것은 바로 텍스트에 대한 강박관념에서 비로소 벗어날 수 있었기 때문이다. 그것은 아마도 오랜 구도의 길을 걷던 사람이 어느날 갑자기 얻어낸 깨달음 같은 것이 아니었을까. 우리는 알 수가 없다. 그 요체要諦는 오직 그 자신만이 들려줄 수 있었을 것이다. 언젠가 한 동료가 왜 일찍 은퇴하느냐고 질문했을 때, 그는 트럼펫을 비롯한 몇몇 악기를 연주하고 정원을 가꾸며 자전거를 타기 위해서라고 말했다. 이 대답은 농담이 아니라 진실로 들린다. 일종의 선문답禪問答처럼.

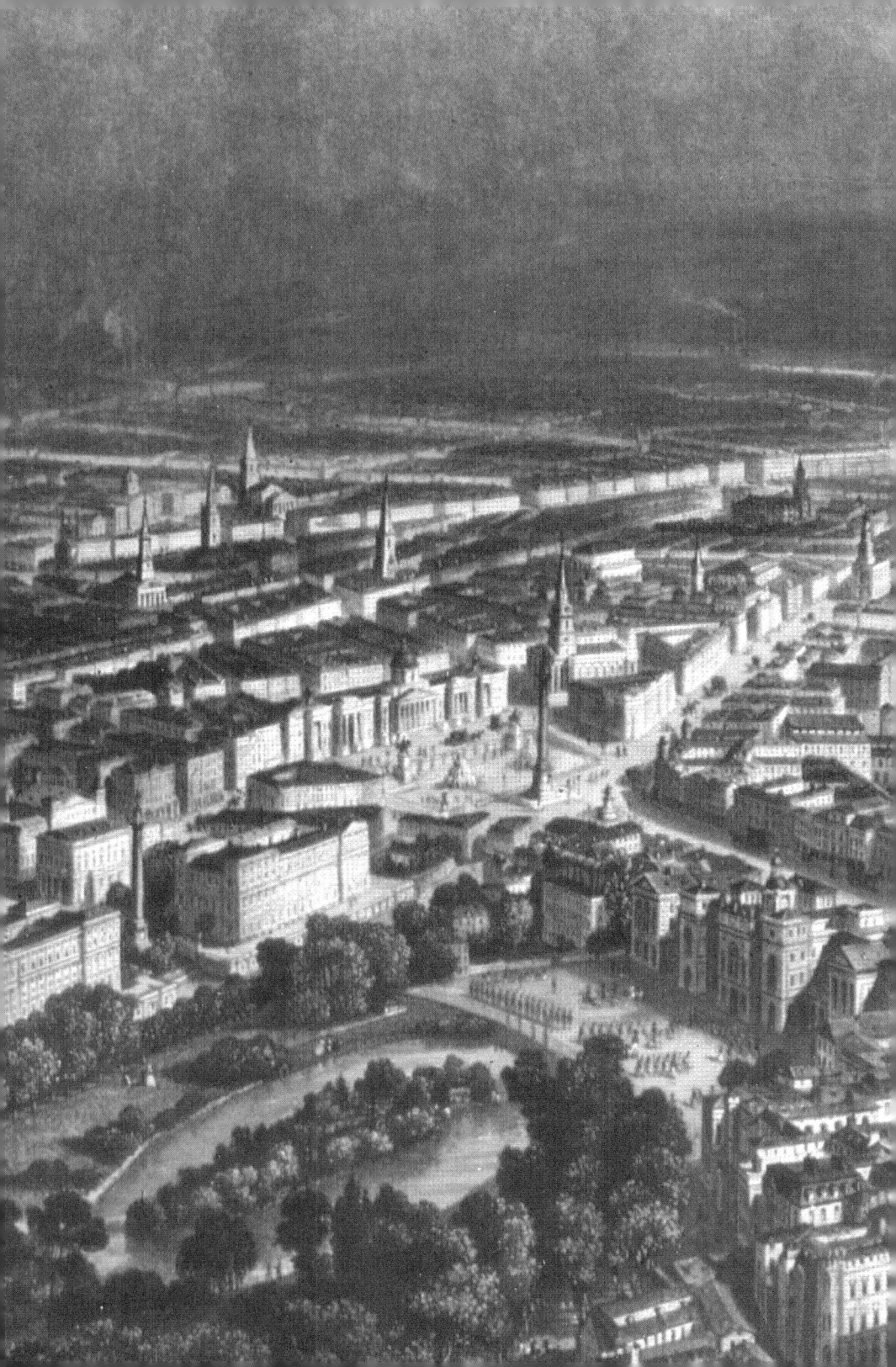

"

과거와 전혀 다른 새로운 방법이 아니면 위기를
벗어날 수 없다는 **홉스봄의 경고**는 오히려 역설적으로
역사를 성찰할 필요성을 일깨운다. **과거와 단절**하고 그
유산에서 자유로워지기 위해서라도 극단의 세기를 좀
더 철저하게 되씹어야 한다.

"

에릭 홉스봄, 20세기를 돌아보다

동시대사 서술의 전범

불과 몇 년 전에 우리는 한 세기를 마감하고 다음 세기로 들어섰다. 서력 기원에 익숙한 사람들에게 그것은 세 번째 천 년기를 맞이하는 시점이기도 했다. 새 천 년을 대망하는 축제와 기념식이 지구촌 곳곳에서 벌어지던 광경이 기억에도 새롭다. 그러나 다시 생각하면 새로운 세기는 기대보다는 불안을, 희망보다는 절망을 안겨준다. 이 세계에 불확실성이 가득하고 시간이 지나면서 그것이 증폭되고 있다는 느

껌을 떨칠 수가 없기 때문이다. 과연 인류는 어디에 와 있으며 또 어디로 나아가고 있는가. 이러한 물음이 떠오를수록 지난 20세기를 성찰해야 할 필요성을 절감한다.

에릭 홉스봄Eric John Hobsbawm의 《극단의 시대*The Age of Extremes*》는 이러한 필요에 부응하는 역사 서술이다.[1] 특히 현재의 경험을 과거와 연결짓기 싫어하는 오늘날의 몰역사적 분위기에서 이 책은 한층 더 중요한 의미를 가진다. 이 책에서 홉스봄은 1차 세계대전 이후의 '단기短期 20세기'를 세 시기로 구분하는데, 이것은 책의 구성과 일치한다. 홉스봄의 표현에 따르면, 이 '단기 20세기'는 일종의 샌드위치 역사이다(19쪽). 왜냐하면 1부 "파국의 시대"와 3부 "산사태" 사이에 단기간의 "황금시대"가 끼여 있기 때문이다. 책의 1부와 3부는 그야말로 혼돈으로 점철되어 있다. 그 반면에 2부는 유례없는 경제적 번영을 누린 시대였다.[2] 이와 같이 단기 20세기는 파국과 번영의 두 극단을 오가는 시계추의 궤적을 보여준다.

홉스봄의 학문 이력은 소개할 필요가 없을 만큼 널리 알려져 있다. 그는 일찍이 에드워드 톰슨Edward Palmer Thompson과 함께 영국 노동사 연구의 새로운 지평을 열었다. 그는 여기에서 더 나아가 근대 자본주의 사회의 발전에 대한 전체사 서술을 시도해 학문적 명성을 얻었다. 《혁명의 시대*The Age of Revolution*》, 《자본의 시대*The Age of Capital*》, 《제국의 시대*The Age of Empire*》로 이어지는 그의 저술들은 이른바 '장기 19세기'의 자본주의 세계를 다룬 것이다.[3] 《극단의 시대》 또한 이전의 3부작과 마찬가지로 종합적인 서술을 추구한다. 그러나 여기에서 특히 사람들의 주목을 끄는 것은, 이 책이 종합의 차원을 넘어서서 진보적인 마르크스주의자로서 치열한 삶을 살아온 한 역사가의 자전적 체험이 녹아 있는 동시대사 서술이라는 점이다.

홉스봄의 남다른 유년기 체험은 "파국의 시대"의 불행과 겹쳐 있다. 그는 1917년에 이집트에서 태어나 어린 시절을 비엔나와 베를린에서 보냈다. 유태계였던 홉스봄은 히틀러가 집권한 직후 가족을 따라 영국으로 이주했으며 2차 세계대전기에는 케임브리지에서 학업을 중단하고 군대에 복무하기도 했다.[4] 그러니까 홉스봄은 유년기부터 유럽 중심국가들을 전전해 온 문화적 주변인이었다. 그는 "파국의 시대"를 몸으로 겪으면서 자연스럽게 사회주의 이념을 수용하였고 자본주의의 붕괴와 사회주의의 승리를 대망하는 좌파 지식인으로 활동해 왔다. 그러나 《극단의 시대》는 그의 이러한 정치적 신념과는 달리 노역사가의 회한의 감정만이 짙게 배어 있는 것처럼 보인다.

20세기의 풍경화

이 책에서 홉스봄이 그리고 있는 20세기의 역사는 일반인에게도 상당히 익숙한 것이다. 홉스봄은 이 익숙한 과거를 풍경화처럼 재구성함으로써 우리 시대의 궤적을 다시 성찰할 수 있는 계기를 제공한다. 우선 "파국의 시대"는 전쟁과 학살의 고통스러운 기억으로 이어진다. 두 차례의 전쟁은 세계 인구 대부분이 관련된 총력전의 형태로 나타났다. 수많은 젊은이들이 전쟁터에서 죽었고 또 다른 수많은 사람들이 전시 경제 아래에서 효율적인 전쟁을 위한 노역에 동원되었다. 참혹한 전쟁과 대량학살은 인간이 다른 피조물보다 얼마나 더 잔인할 수 있는가를 검증하려는 무대인 것 같았다. 한편 두 전쟁 사이에는 경제적으로 매우 불안정한 시기가 가로놓여 있었고 여러 나라에서 고도로 억압적인 지배체제가 들어섰다. 대량실업과 파시즘의 공포가 일상생활을 지배했다. 이와 함께 자본주의의 대안을 추구하는 이상주의자들의 열정이 곳곳에서 혁명으로 폭발하기도 했다. 그러나 이 과정에서 많은 사람들이 혁명을 위해 스스로를 희생했으며 그보다 더 많은 사람들은 혁명 때문에 목숨을 잃었다.

다음으로 "황금시대"는 겉으로 보면 지속적인 경제성장, 과학기술의 발전, 생활수준의 향상, 제3세계의 근대화 등으로 이어지는 번영기였다. 전 지구적 차원의 세계경제가 국민 경제를 대신해서 번영을 이끌었다. 그러나 그 번영의 이면에는 급속한 사회·문화적 변동이 있었다. 농민층의 감소, 학생층의 증가, 여성의 사회참여와 같은 일련의 사회적 변화와 더불어 전통적 핵가족의 위기, 성 개방, 청년문화의 성장, 기존 도덕률의 전면적인 해체 등 일련의 문화적 변화가 뒤를 이었다.

마지막으로 "산사태" 시대는 자본주의의 불안정과 사회주의의 조락

이 함께 겹친 음울한 모습으로 그려진다. 1973년 석유위기 이후 자본
주의는 저성장, 만성 실업, 인플레이션으로 표현되는 구조적 경제침
체의 징후를 나타냈는데, 이는 이전의 번영기에 팽창한 자본주의 세
계경제가 스스로 위기에 대응하고 조절할 수 있는 통제적 기제를 잃
어버린 데서 비롯한 것이었다. 이와 함께 자본주의의 대안으로서 사
회주의도 체제경쟁에서 경직성을 드러냈고 급기야는 전면적인 붕괴
로 귀결되었다. 두 경제체제의 위기는 정치적 불안정과 표리관계를
이루었다. 한편에서는 사회주의 세계의 당 지배체제가 붕괴되고, 다
른 한편에서는 의회민주주의가 그 한계를 보여주었다.

　사실 20세기의 여러 변화는 유럽 중심주의에 익숙한 서구의 지식인
들에게는 더욱더 위기로 받아들여질 수밖에 없다. 그 유럽 중심성이
정치, 경제, 사회, 문화 등 모든 영역에서 사라지고 있기 때문이다. 유
럽연합EU을 출범시키고 유럽의 정체성을 새롭게 모색하려는 유럽인
들의 노력이 바로 이 같은 위기를 단적으로 보여준다. 아직도 국민국
가의 강고한 경계들이 남아 있지만, 그것을 넘어 인간 활동의 파편화
와 다양화를 이끌어내는 전 지구화 경향이 기존 제도들의 분해를 촉진
하고 있다. 여기에서 홉스봄은 전세기에서 물려받은 제도와 구조의 위
기뿐만 아니라 더 나아가 그것들을 만들어낸 정신과 신념의 위기를 강
조한다. 세계경제, 민주주의 정치체제, 과학기술 문명의 바탕에는 합
리주의의 신념이 있었다. 그런데 이제 바로 그 신념이 송두리째 무너
진 셈이다(27쪽).

　이와 같이 홉스봄이 그린 '단기 20세기'의 풍경화는 전체적으로 음
울한 색조로 뒤덮여 있다. 《극단의 시대》의 모두에 실린 저명한 지식

인 12인의 논평들이 대부분 20세기를 비극의 시대로 규정한 것도 따지고 보면 놀랄 만한 일이 아니다. 홉스봄은 세기 말의 세계가 "역사적 위기의 시점"에 이른 징후들을 발견한다. 그것은 특히 과학기술에 기반을 둔 자본주의 경제가 "인류생활의 물질적 토대"를 모두 파괴하기 시작했다는 사실에서 분명하게 드러난다(799쪽). 그런데 정작 문제가 되는 것은 그 위기들이 과거의 성찰을 통해서는 해결할 수 없다는 점이다. 홉스봄의 탄식은 여기에서 비롯한다. 이 세계는 더 이상 과거가 자신의 역할을 할 수 있는 곳이 아니며, 인류를 안내해 온 "이전의 지도와 해도"는 이제 새로운 항해의 나침반이 될 수 없다는 것이다(34쪽).

사회주의와 자본주의

이 책에서 특히 관심을 끄는 것은 무엇인가? '단기 20세기'는 1차 세계대전과 볼셰비키 혁명으로 그 막을 올렸고 현실 사회주의의 붕괴와 함께 끝났다. 그 역사는 사회주의와 자본주의 사이의 대립, 갈등 및 경쟁을 통해 변화해 왔다. 그러므로 사회주의와 자본주의의 변화는 20세기 역사의 전체상을 파악하기 위해서 다른 무엇보다도 먼저 생각해야 할 주제이다. 이와 아울러 홉스봄은 2차 세계대전 이후 '황금시대'에 이루어진 사회·문화적 변동을 중시한다. 이 변동이야말로 신석기 혁명 이래 인류가 경험한 변화 가운데서도 가장 극적인 내용을 포함하고 있다는 주장이다.

먼저 사회주의 혁명과 현실 사회주의의 붕괴를 살펴보자. 20세기가 끝나기도 전에 현실 사회주의가 붕괴하리라는 것을 아무도 예견하지 못했듯이, 1917년 러시아에서 사회주의 혁명의 성공을 생각한 사람들 또한 거의 없었다. 홉스봄에 의하면, 후진국 러시아에서 혁명이 성공한 것은 마르크스주의 사회이론의 우월성 때문이 아니었다. 그보다는 오히려 혁명가들의 자기헌신과 전위당의 능동적 활동에 힘입은 것이었다. 레닌과 그의 동료들은 "대중이 원하는 것을 파악하는 뛰어난 능력"을 가졌을 뿐만 아니라 "중앙집권적이고 규율잡힌 당조직"을 통해 혁명운동을 전개했다. 레닌의 혁명이 지속될 수 있었던 것은 공산당 조직의 유용성에 힘입은 것이지만, 그 밖에도 애국적인 러시아인들에게 유일한 정부였다는 점과 농민에게 토지보유를 약속함으로써 지지를 얻었다는 점을 지적할 수 있다(92, 96쪽).

혁명가들은 초기 기독교도들이 그러했듯이, "불행과 억압, 불평등과 부정이 없는 사회를 가져올 묵시록적 변화"의 도래를 믿었다. 그들이 보기에, 마르크스주의는 "천년왕국에 대한 희망"에 "과학과 역사적 필연성"을 제공해 주었고 10월 혁명은 그 같은 대변화가 시작되었음을 알려주는 유력한 증거이기도 했다(107쪽). 이러한 신념은 러시아 혁명 이후 여러 세대의 혁명가들이 공유해 온 정신적 자산이었다. 한 세대 이상 이 혁명에 대한 열망은 무수한 사람들을 사로잡았다. 특히 볼셰비즘은 레닌주의 이외의 모든 급진운동을 주변으로 내몰았으며 혁명가란 레닌의 이념과 10월 혁명을 따르는 사람을 뜻하게 되었다(110쪽). 새로운 사회를 대망하는 젊은이들이 코민테른의 지도 아래 또는 모스코바의 노선에 동조하면서 자신의 조국에서 혁명운동의 열정을 불태웠다. 특히 공산당 조직이야말로 이 혁명운동에서 가장 긴

요한 요소였다. 그것은 "20세기 사회공학이 낳은 강력한 혁신물"로서 매우 효율적인 것으로 드러났다. 언제 어디서나 당은 조직원들에게 군대의 규율이나 응집력보다도 더 엄청난 헌신과 자기희생을 요구할 수 있었고, 조직원들은 혁명의 대의를 위해 이러한 요구에 부응할 준비가 되어 있었다(112쪽).

그러나 볼세비키 혁명은 국가 권력을 장악한 그 순간부터 반혁명과 내전, 자본주의 국가들의 간섭과 경제적 혼란 등 넘기 어려운 상황에 직면했고 이에 대응하는 과정에서 그 순수성을 잃었다. 혁명 지도자들은 그들의 정책이 혁명의 미래에 어떠한 영향을 미칠 것인지를 고려할 만한 여력이 없었다. 홉스봄은 혁명의 변질을 불가항력적인 것으로 이해한다. 스탈린주의는 그러한 변모의 한 결과였다. 그렇다고 해서 그가 스탈린 체제를 정당화하는 것은 아니다. 전위당의 존재가 독재적 요소를 포함하고 있는 상황에서 당내 민주주의의 포기는 민주집중제를 단순한 집중제로 만들었다. 스탈린 체제는 사실상의 군주제였고 소련의 발전은 스탈린의 "유아독존적인 신념"을 바탕으로 "총력전의 원리"를 사회주의 국가 건설에 적용한 데에 따른 것이었다(538쪽).

스탈린 시대 이래 사회주의권은 일종의 "자기완결적 소우주"였다. 1960년대에 사회주의 국가 무역의 3분의 2는 역내무역이었다. 물론 이것은 냉전의 결과이기도 했지만, 소련 사회주의의 계획경제와 중공업 위주 경제개발의 결과이기도 했다. 물론 이것은 마르크스-엥겔스의 유산이 아니다. 홉스봄이 보기에, 소련 사회주의는 경제적으로 생활수준의 최소한의 상승을 이룩했지만 농업 생산성 향상에는 성과를 거두지 못했다. 장기적으로 보면 사회주의 체제는 강제적 집단화, 관료제의 부작용, 체제의 경직성과 더불어 여러 문제들에 시달렸으며 점차 자본주의 세계와의 체제경쟁에서 뒤떨어지기 시작했다. 요컨대 소련 체제는 그 나라 인민이 "최소한의 사회적 수준을 보장해 주는 생활수준"과 "최저생활수준을 약간 넘는 물질적 생활"에 만족할 것이라는 가정 아래 매우 후진적인 미개발국을 급속하게 공업화하려는 목적으로 설계된 체제에 지나지 않았다(530쪽). 더욱이 소련의 경제적 결함은 미국과의 대결에서 "군사적 초강대국으로서의 지위가 요구하는 것" 때문에 악화되었다(656쪽).

1980년대에 소련의 집권세력은 위로부터의 개혁을 시도했으나, 그것은 오히려 그 체제의 근간을 이루는 당과 국가 기구의 약화만을 가져왔다. 홉스봄은 소련 체제를 군대에 비유한다. 고르바초프의 개혁은 본질적으로 효율성을 높이기 위한 것이었지만, 원래 군대를 민주화한다고 해서 그 효율성이 높아지지는 않는다. 그렇다고 군대방식이 아닌 민간방식을 따를 경우 기존 체제의 붕괴를 가져올 위험이 있었다. 홉스봄에 따르면, 이 점이야말로 고르바초프의 개혁이 당면한 비극이었다(658~59쪽). 고르바초프의 개혁 아래서 법의 지배와 시민적 자유를 의미하는 글라스노스트가 시장경제의 개혁, 즉 페레스트로이카보다 더 나아간 것이 문제였다.

그렇다면 현실 사회주의는 어떤 역사적 맥락에서 이해해야 할 것인가? 홉스봄은 공산주의의 이름으로 이루어진 혁명들이 이제 지칠 대로 지친 상태라는 점을 인정하면서 현실 사회주의 실험의 종국을 선언한다. 이 실험은 되풀이되지 않을 것이다. 그것은 원래 "자본주의에 대한 세계적 대안"이 아니라 후진 러시아와 같이 낙후된 나라의 "특별한 상황에 걸맞은 일련의 특정한 대응"이었기 때문이다(681쪽). 물론 생산수단의 사회적 소유를 비롯한 사회주의적 가치들은 현실 사회주의의 실패와는 별개로 남겠지만 운동으로서의 사회주의는 다시 살아나기 어려울 것이다. 홉스봄이 스탈린 비판운동 이후에도 다른 마르크스주의 역사가들과는 달리 영국 공산당에 잔류하여 사회주의 운동의 가능성을 옹호했다는 점을 상기하면, 이는 정치적 입장의 선회를 단적으로 보여준다.

다음으로 현대 자본주의는 어떠한 궤적을 그려왔는가? 1973년 이후 자본주의 세계경제의 불안정을 목도하면서 홉스봄은 경제정책 담당자들이 이와 같은 장기 불황의 가능성을 전혀 예상하지 못한 사실을 놀라워한다. 그들은 자본주의가 이전 세기부터 이미 콘트라티에프 장기파동을 보여준다는 사실을 전혀 고려하지 않았기 때문이다. 빅토리아 시대 후기의 불황과 1930년대의 대공황은 이러한 장기 파동에 들어맞는 것이었다. 물론 대공황을 겪으면서 경제이론가들은 자본주의 시장이 자동조절기능을 가지고 있다는 환상에서 깨어났다. 케인즈 이후의 경제이론은 자본주의 시장의 불완전성을 전제로 하는 것이었다. 그럼에도 지난 20여 년 사이에 순수한 시장기능을 강조하는 신보수주의 경제정책이 다시 우세를 점한 것은 "경제학의 이론가와 실천가들 양쪽 모두가 기억력이 놀랄 만큼 부족하다는 사실"을 일깨워준다(147쪽). 아마도 이것은 2차 세계대전 이후 장기 호황의 인상이 너무나 깊었기 때문일 것이다. 이 시기에 세계경제는 중심부 국가들을 비롯하여 제3세계의 일부 지역까지 경제발전이 두드러졌다. 국민총생산 지표가 지속적으로 상승하였고 특히 선진 자본주의 세계는 이전의 어느 때보다도 더 높은 생활수준을 누렸다. 홉스봄에 따르면, 이와 같은 장기 호황에서 결정적인 역할을 한 것은 역시 급속한 기술혁신이었다 (364쪽).

그런데도 장기 호황을 누리던 자본주의는 마치 콘트라티에프 장기 파동을 입증이라도 하려는 듯이 다시금 불안정한 상태로 빠져들었다. 홉스봄의 책은 이러한 변화의 요인들을 구체적으로 알려주지 않는다. 현대 자본주의의 재생산구조를 설명할 수 있는 새로운 학문적 패러다임과 분석틀이 정립되지 않은 상태에서 그것을 기대하는 것 자체가 잘못이다. 이런 한계가 있음에도 부분적인 설명은 가능할 것이다.

홉스봄은 자본주의 이전부터 인간의 경제활동에 자리 잡은 어떤 속성들의 변화를 주목한다. 그동안 자본주의는 한편으로는 시장의 작동기제 아래 움직이면서도 다른 한편으로는 인간의 이윤추구와 직접 관련되지 않는 성향들, 이를테면 노동의 습관, 미래의 보상을 위해서 현재의 만족을 기꺼이 참으려는 태도, 상호신용의 관습과 성취 등 전자본주의 세계에서 유래한 여러 성향들에 의존했다. 좀더 넓게 말한다면 그것은 이전 시대부터 내려온 권리와 상호의무, 선행, 희생과 양심 등 일반적 도덕률에 바탕을 두고 발전해 왔다. 이윤추구와 자본축적은 자본주의 발전의 필요조건이지만 충분조건은 아니었다. 자본주의는 반드시 자본주의적인 것만은 아니었기 때문에 성공했던 것이다 (475쪽).

군이 홉스봄의 견해를 거론하지 않더라도, 자본주의 발전 초기에 기존 사회의 종교적 전통이 중요한 작용을 했다는 것은 잘 알려진 사

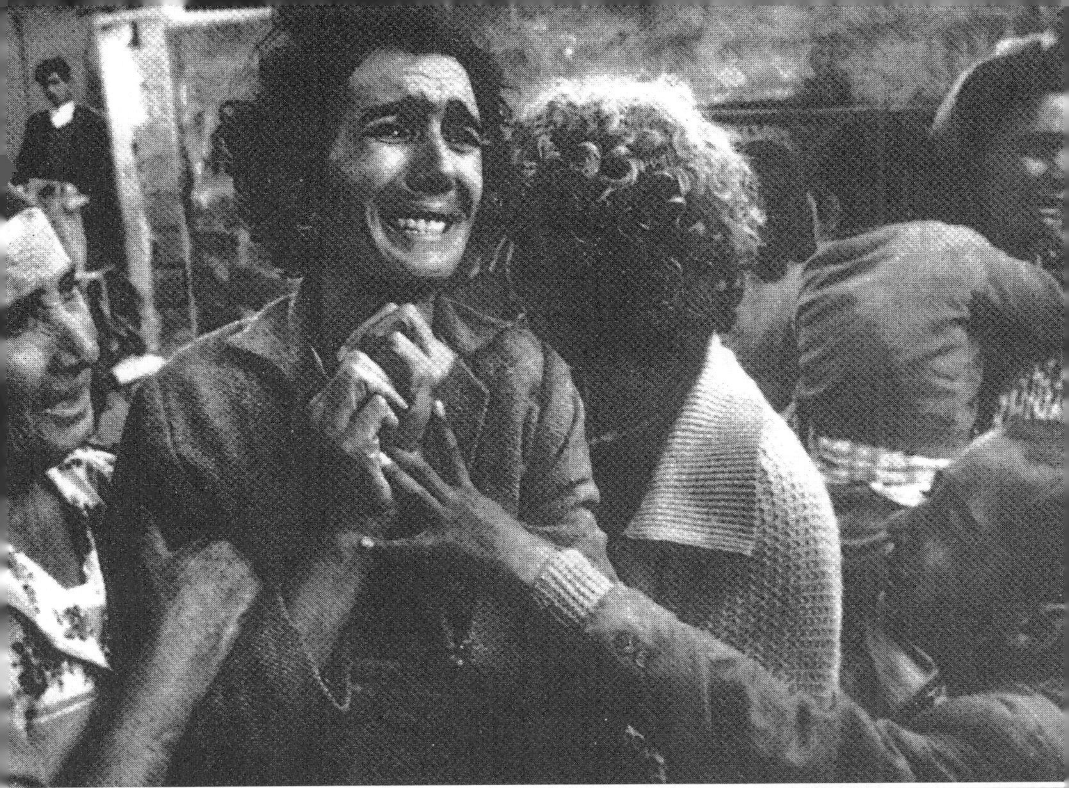

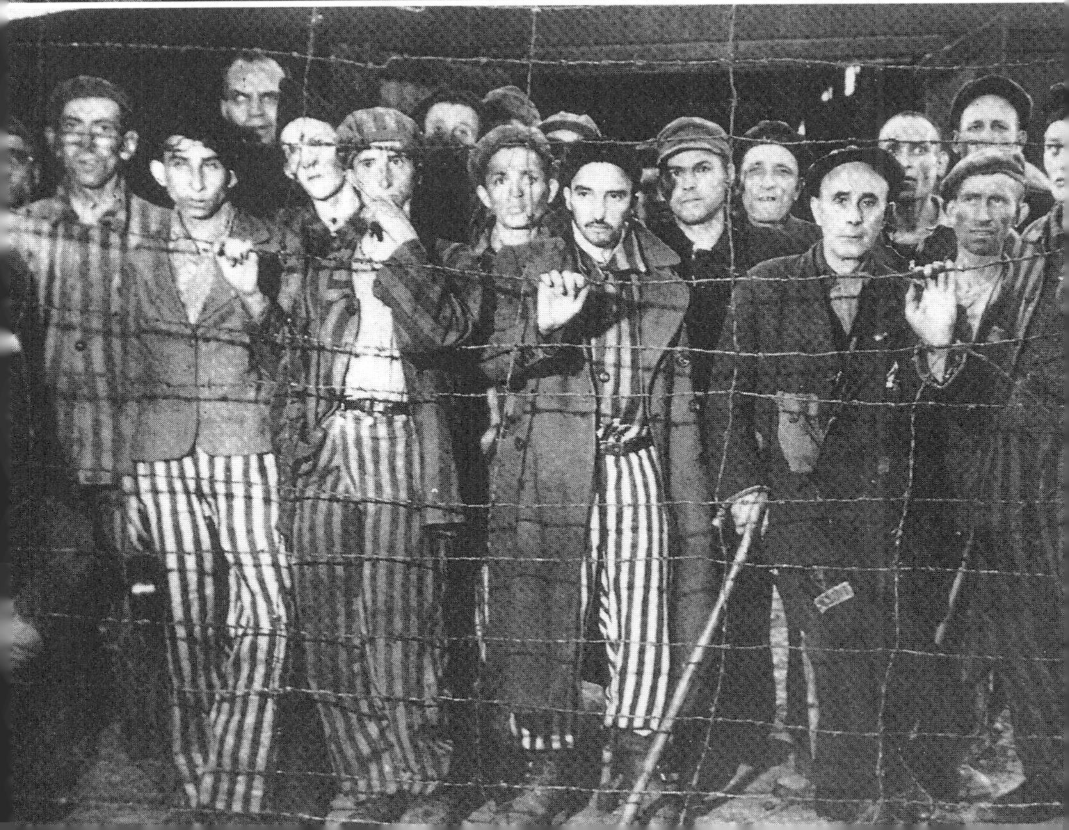

실이다. 예를 들어, 막스 베버가 프로테스탄티즘의 윤리와 자본주의의 정신의 상호관계에 주목한 것은 19세기 후반 독일의 급속한 경제발전을 해명해야 할 현실적 필요성에서 비롯한 것이었다. 사람들이 시장관계 아래서 생활할 때 그들은 여전히 개신교의 직업윤리에 충실할 수 있었고, 이 전자본주의적 윤리가 자본축적과 경제발전에 역동성을 가져다주었던 것이 사실이다. 루터와 칼뱅이 가르친 것, 즉 직업을 신의 소명으로 인식하고 끊임없이 매진하는 것이야말로 근본적으로는 자본주의와 관련이 없으면서도 그 자본주의 발전을 촉진하는 원동력이 될 수 있었던 것이다. 이와 비슷한 사례는 18세기 영국 사회에서도 발견할 수 있다. 산업화 초기 제철이나 요업 또는 섬유업 분야의 기술혁신과 자본축적에서 비국교도 출신들이 중요한 역할을 담당했다.[5]

그러나 자본주의가 어떤 임계선을 넘어서 팽창하면 할수록 그것은 점차 사람들의 생활 전반에서 전자본주의적 도덕률을 잠식하기 시작한다. 원래 자본주의는 삶을 둘러싼 모든 사물과 조건을 시장경제라는 이름 아래 통합하려는 경향이 있기 때문이다. 이러한 경향 아래서는 전통적인 것들은 대부분 사라지고 해체된다. 홉스봄에 따르면, 오늘날 자본주의의 불안정성이 갈수록 높아지는 현상은 바로 이 전자본주의적 성향들의 급격한 쇠퇴와 관련이 있다. 과거에서 물려받은 이러한 성향은 지금까지는 마치 당연한 것처럼 간주되었다. 사람들은 공기가 희박해졌을 때에 생명과 공기의 관계를 알 수 있다. 그와 마찬가지로 이 전자본주의적 성향들이 약화되었을 때에 비로소 우리는 그것이 자본주의에서 차지하는 중요성을 인식할 수 있다.

사회 · 문화적 변동

《극단의 시대》에서 홉스봄이 사회주의와 자본주의의 변화 못지않게 관심을 기울여 상술하고 있는 주제가 2차 세계대전 이후 서구 여러 나라에서 전개된 사회 · 문화적 변동이다. 이것이야말로 신석기 혁명 이래 인류가 경험한 변화 가운데서도 가장 극적인 내용을 포함하고 있다는 것이다. 실제로 이 부분이 홉스봄의 책에서 가장 돋보이는 서술이라고 할 수 있다.

사회 변화는 산업화의 영향을 받은 점진적 과정임에는 분명하지만, 그것이 전 지구적 차원으로 확대된 것은 2차 세계대전 이후의 일이었다. 그러니까 산업화의 결과는 20세기 후반에 이르러서야 비로소 가시적으로 나타났다고도 할 수 있다. 홉스봄은 사회적 변화의 주된 내용으로 농민 감소, 교육기회의 확대 및 학생층 증가, 기술혁신에 따른 노동의 위축, 여성의 사회참여 증가를 들고 있다. 특히 '황금시대'의 변화가 주목을 끄는 것은 그 변화의 정도가 이전과는 비교할 수 없을 뿐만 아니라 변화 자체가 전세계적 차원에서 진행되었다는 사실 때문이다.

우선 농민 감소를 살펴보면, 이 시기에 중심부 국가에서 농민은 거의 사라졌으며, 이 밖에 한국을 비롯한 동아시아의 신흥공업국들에서도 더 이상 사회세력의 범주로 인정할 수 없을 만큼 위축되었다. 역사상 처음으로 인류의 절대 다수가 비농업적 생활 아래서 삶을 꾸려나가게 된 것이다. 오랫동안 사람은 땅을 삶의 터전으로 삼아 생활해 왔다. 땅은 단순히 식량생산의 토대를 넘어서 사람의 삶을 직접 규정하는 공간이었다. 그러나 이제 절대 다수의 사람들이 땅의 직접적인 지배에서 벗어나 생활하게 된 것이다. 그 결과는 거대도시, 메가폴리스의 출현이다. 거대도시들을 연결하고 소통하는 교통혁명과 함께 사람들의 이동성은 더욱더 증대되기 시작한다(402~5쪽).

다음으로 선진국이나 개발도상국가 모두 중등 및 고등 교육 기회가 지속적으로 확대됨에 따라 학생 인구의 비율이 급속하게 높아졌다. 2차 세계대전 이전에는 서유럽 주요 국가들에서 대학생 수는 전 인구의 0.1퍼센트에 지나지 않았다. 오직 선택받은 소수만이 고등교육의 기회를 가졌을 뿐이었다. 그러나 이들 국가에서 고등교육은 이미 대중화의 단계에 들어섰다. 미국은 더 일찍부터 대중교육의 면모를 드러낸 바 있다. 홉스봄에 따르면, 고등교육 인구의 이 같은 증가는 한편으로는 근대화 및 산업화에 따른 수요 증가 탓이기도 하지만, 다른 한편으로는 그 정도를 넘어선 것이다. 이는 아마도 교육 소비자들의 열망과 압력 때문이리라(412쪽). 더욱이 황금시대에 경제번영이 지속되면서 교육 인구의 증가는 거의 장기 지속적 추세로 굳어졌다. 제3세계 국가들에서도 교육은 사회이동의 가장 유력한 수단으로 떠오른 지 오래이다.

대학 인구의 증가가 사회 전반에 미친 영향은 매우 컸다. 우선 대학생들은 시민 가운데 정치적 행동을 위해 결집할 수 있는 유일한 집단으로 성장했다. 1960년대에 이들의 정치 성향은 좌파로 기울었는데, 원래 젊은이는 권위에 반항하고 과도적이며 진취적인 데다가 무질서의 중심에 서 있는 경우가 많다. 더욱이 이전과 달리 비엘리트 출신이 대거 대학에 입학함으로써 학생들 사이에 특권계급에 대한 귀속의식이 약해졌다. 홉스봄은 이렇게 말한다.

이 새로운 학생 대중은 말하자면 사회의 나머지 부분과 어색한 관계를 가지는 위치에 있었다. 그들은 여타의 오래된 기성계급이나 사회집단과는 달리 안정된 사회적 위치도 또 사회와의 안정된 형태의 관계도 갖지 못했다(418쪽).

1960년대 후반의 학생운동은 어쩌면 필연적인 수순이었을 것이다. 대학생 집단의 증가 자체가 기존 사회에 대한 문제제기를 함축하는 것이었고 이러한 문제제기가 사회비판으로 바뀌는 것은 시간 문제였기 때문이다.

한편, 노동의 위축 또한 이전의 기술혁신에 따른 결과와 비교할 수 없는 것이었다. 포스트포디즘, 유연생산전략, 자동제어 생산공정, 정보통신혁명 등 일련의 기술혁신에 따른 노동 감소는 노동계급의 정체성을 약화시킴으로써 계급의 해체를 가져왔다(422쪽). 노동의 위축이 1950년대 이래 심화되었음에도 이 문제가 근래에 이르러 논란이 된 이유는 무엇인가. '황금시대'에는 경제성장에 의한 취업 인구의 양적 증가가 그 현상을 일시적으로 은폐했기 때문이다(372쪽). 사실 19세기와 20세기 전반까지 유럽 사회사에서 가장 특징적인 현상의 하나는 노동의 대두였다. 산업화 과정에서 급증한 노동자들은 자신의 계급 정체성을 구현하는 데 어느 정도 성공을 거두었다. 사회주의와 급진주의의 여러 분파활동이 나타났지만, 어느 경우든지 그 토대를 이루는 세력은 노동계급이었다. 홉스봄은 계급의식의 표지를 노동자들의 의복, 말씨, 생활스타일 등에서 확인할 수 있었다고 단언한다. 그러나 이러한 표지들이 2차 세계대전 이후에 급격하게 사라지고 있었다.

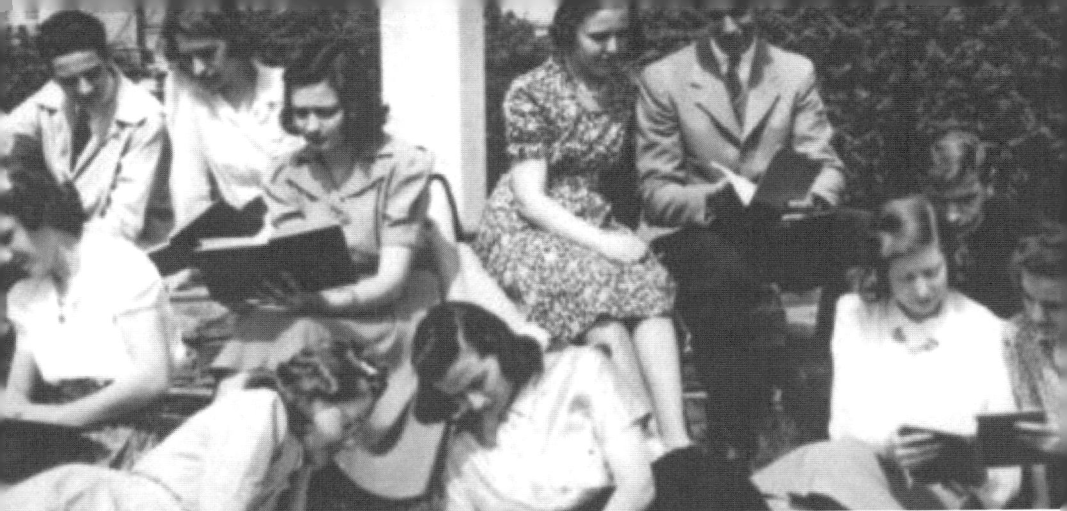

IT DIDN'T TAKE
15 YEARS!!
NOE AND
-HALSTED
4 YEAR

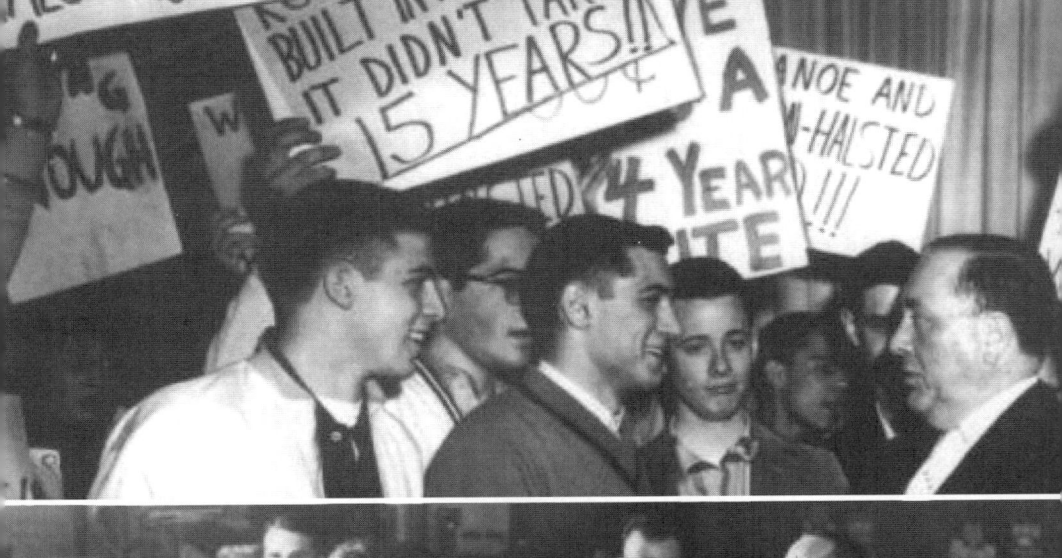

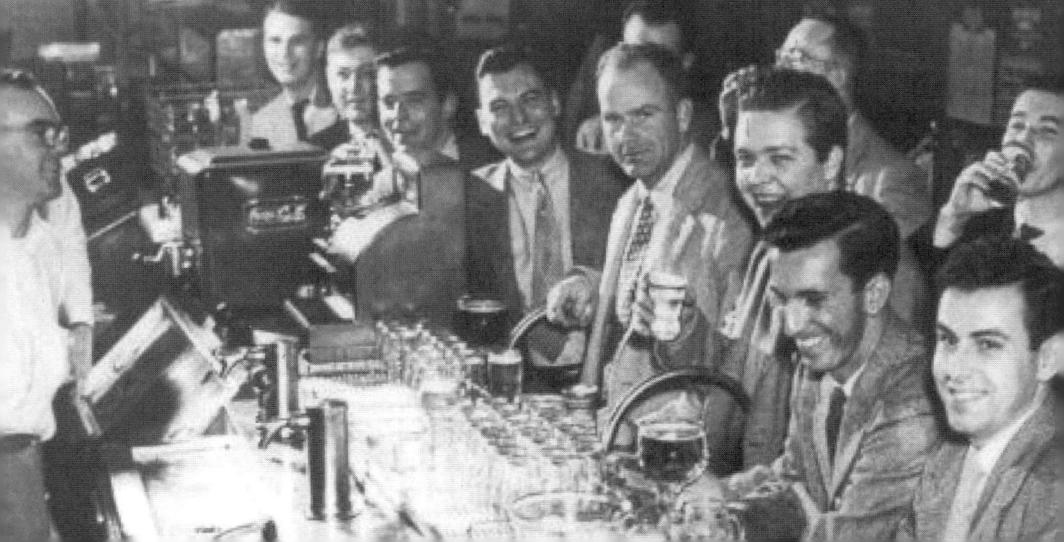

"선진국의 경우 2차 세계대전이 끝날 무렵 계급의식은 절정에 달했고 황금시대에 그러한 응집성의 거의 모든 요소가 토대부터 침식되었다"(425쪽). 그렇다면 그 이유는 무엇인가? 장기 호황과 생활수준 향상 때문인가. 홉스봄은 이 문제에 곧바로 대답하지 않는다. 한마디로 규정할 수 없는 복합적인 요인이 작용했기 때문이다.

마지막으로 여성의 사회참여 또한 주목할 만한 사회적 변화이다. 홉스봄에 따르면, 이러한 참여 확대의 가장 직접적인 요인은 여성교육의 확대이다. 여성운동 또한 이러한 추세에 불을 질렀다. 그러나 여성의 참여는 계급에 따라 차이를 보여준다. 중간계급 출신 여성이 유급 노동시장에 진출하려는 시도는 이데올로기적 성격을 지녔다고 할 수 있다. 중간계급에 속하는 기혼 여성의 사회참여 동기는 "자유와 자율성에 대한 요구, 즉 기혼 여성이 남편과 가족의 부속물로서가 아니라 자기 이름에 걸맞은 인간이 되려는 요구, 세상 사람들로부터 인간이라는 한 종의 일원이 아니라 한 개인으로 평가받는 사람이 되려는 요구"에서 비롯했다. 그 반면에 노동계급 여성이 생활전선에 진출한 것은 아동노동에 대한 규제와 국민교육의 제도화에 따라 아이들이 더 이상 일터에 나가지 않게 되었기 때문이다(440~41쪽).

이와 같은 사회 변화는 문화적 변동과 밀접하게 관련된다. 홉스봄은 문화변동 가운데 특히 가족의 붕괴와 청년문화의 대두 그리고 문화 전반의 반도덕적 경향을 강조한다. 우선 가족의 붕괴를 살펴보자. 아마 20세기 후반의 사회상을 살펴보면 이혼의 증가와 독신자의 증가가 가장 주목할 만한 현상의 하나일 것이다. 홉스봄은 구체적인 수치를 들어 가족의 붕괴를 설명한다. 예를 들어 영국에서 1938~80년 사이 결혼 건수와 이혼 건수의 비율은 55 대 1에서 2.2 대 1로 변하고 있다. 미국의 경우 더욱더 심각하다. 1960~80년간에 고전적인 부부 가족이 전 가구에서 차지하는 비율은 44퍼센트에서 29퍼센트로 떨어졌으며 그 추세는 더 가속되고 있다(446쪽). 가족의 위기는 성적 행동, 배우자 관계, 출산을 지배하는 공적 기준 등의 극적인 변화와 관련된다. 이와 함께 사생아 출산, 편부 및 편모 가정의 증가가 심각한 사회 문제를 유발한다.

둘째, 홉스봄은 청년문화의 대두와 그 영향을 집중적으로 설명한다. 록음악과 청바지로 대변되는 청년문화는 세대간의 위기 또는 세대관계의 변화를 나타낸다. 물론 이 청년문화는 학생집단의 증가와 관련된다. 사실 어느 시대나 세대간의 긴장과 청년 문제가 있기 마련이다. 그러나 홉스봄이 보기에 20세기 후반의 청년 문제는 이전과 다른 특징을 지녔다. 청년기는 "성년의 준비단계"가 아니라 어떤 점에서 "한 인간이 발전하는 최종 단계"로 인식되었다는 것이다(451쪽). 이에 덧붙여 청년문화는 이전과 달리 선진 자본주의 국가들에서 지배적인 문화로 자리 잡았다. 이는 청년문화와 관련된 상품시장의 확대와 상품에 대한 수요가 급증한 데 힘입은 것이다. 청년문화를 경험하고 그 흔적을 자신의 삶에 각인한 사람들은 성년이 된 다음에도 그 문화를 버리지 않았다(452쪽). 또한 록음악과 청바지는 경계를 넘어서는 특징을 갖는다. 그것은 민중 모방과 함께 국제주의의 면모를 보여준다. 청년문화는 하층계급의 의상과 노래를 흡수함과 아울러 인종이나 국경의 벽을 넘어 전 세계의 지배 문화로 자리 잡았다. 청년문화야말로 국가와 민족의 경계를 넘어선 진정한 의미의 국제문화였던 셈이다.

　마지막으로, 홉스봄은 청년문화에 내재한 "도덕률 폐기론적 경향"을 주목한다(459쪽). 여기에서 도덕률 폐기론적이라고 하는 것은 기존문화에 대한 반문화적 내용을 함축하고 있다는 점을 뜻한다. 달리 말하면 '금지하는 것'을 금지하려는 경향을 의미한다. 젊은이들이 하층계급의 의상, 생활방식, 노래를 모방한 것도 이런 맥락에서 이해해야한다. 이러한 하위 문화는 이전에 기성 계급이 경원했기 때문에 오히려 환영받은 것이다. 상층 또는 중간 계급 출신 젊은이들은 이러한 하위 문화를 다투어 받아들임으로써 반문화적 속성을 그대로 드러냈다. 이는 또한 개인과 사회의 동시적 해방을 뜻하는 것이기도 했다. 그리고 1960년대 이후 청년문화에서 "국가, 부모와 이웃의 힘, 법, 인습 등의 굴레를 타파하는 가장 분명한 방식"은 섹스와 마약이었다(461쪽). 섹스는 개방과 해방을 뜻했고, 이전에 하층민의 기호품이었던 마약을 통해서 불법행위를 시도하고 그럼으로써 기존 권력에 도전한 것이다. 홉스봄에 따르면, 동성애의 성행이나 극단적 개인주의 경향도 이와 동일한 맥락에서 이해할 수 있다. 그리고 이 모든 도덕률 폐기론적 경향은 새로운 상품시장의 창출을 통해 더욱더 심화되었다.

　그것은 기존의 문화에 대한 반문화적 성격을 표출하면서 개인의 전면적인 해방을 지향한다. 이 같은 문화혁명은 사회에 대한 개인의 완전한 승리를 반영한다. 그것은 "인간을 사회라는 직물로 짜 넣은 모든 실가닥"을 끊었다(464쪽). 문화혁명의 파국적 결과는 바로 이 점에 있다. 홉스봄이 자본주의의 불안정에 관련해 특히 강조한 것, 즉 전자본주의적 성향의 약화야말로 문화혁명과 더불어 가속된 것이다.

동아시아를 보는 눈

　서구 역사가들의 세계사 서술에서 공통되게 나타나는 현상이지만, 《극단의 시대》에서도 20세기의 모든 변화는 유럽 주요 국가와 미국에 의해 주도된다. 사회주의 혁명의 진원지인 러시아 혁명에 대한 상세한 서술에 비해 중국 사회주의 혁명이 간략하게 다뤄진 것도 러시아가 유럽의 일부라는 인식과 어느 정도 관련이 있을 것 같다. 2차 세계대전에서도 그 무대의 주연과 조연은 유럽과 미국이었고, 아시아는 단지 단역에 지나지 않았다. 물론 일본이 그 무대의 중앙에 등장하는 경우가 있다 하더라도 전반적인 흐름을 바꿀 만큼 비중 있게 취급되지는 않는다.

　그러나 과연 아시아, 아프리카, 라틴아메리카의 광활한 지역을 역사의 무대에서 배제한 세계사 서술, 그것도 20세기사 서술이 가능할까? 홉스봄은 동시대의 다른 역사가들에 비해 세계사 서술의 중요성을 강조했으며 스스로 실천해 왔다. '장기 19세기'를 다룬 그의 3부작도 한편으로는 사회 전 분야를 총체적으로 재구성하려는 전체사 서술과, 다른 한편으로는 공간적으로 유럽 몇몇 나라의 경계를 넘어 전 지구적 전망을 제시하려는 세계사 서술을 지향하고 있다. 그럼에도 유럽과 미국 경계 밖의 나라와 사람들의 역할이나 활동이 크게 늘어난 20세기의 경우 홉스봄의 책에서 그 만큼의 비중으로 다뤄지고 있는지는 의문이다. 사실 이러한 지적은 어리석은 짓일지도 모른다. 사람은 자신의 환경과 상황을 초월할 수 없다. 홉스봄이 제아무리 유럽 외부 세계와 제3세계 사람들에 대한 관심을 견지하고 있다 하더라도 그가 유럽 중심주의라는 역사적 상상력의 범위를 넘는 것은 어려운 일이기

때문이다.

홉스봄의 책에서 동아시아는 구체적으로 어떻게 그려지고 있는가. 우선 중국과 일본 그리고 한국이 20세기 세계사에서 비중 있게 취급될 수 있는 주제로는 제국주의 일본의 대두, 중국 사회주의 혁명, 동아시아 지역에서 반파시즘 운동, 황금시대 일본의 경제성장, 냉전 초기 한국전쟁의 영향, 1970년 이후 신흥공업국 한국의 발전 등을 꼽을 수 있을 것이다. 이들 주제는 홉스봄의 책에서 다음과 같은 장들, 즉 〈총력전의 시대〉(1장), 〈세계혁명〉(2장), 〈공동의 적에 대항하여〉(5장), 〈냉전〉(8장), 〈황금시대〉(9장), 〈제3세계〉(12장) 등에서 언급되고 있다.

그러나 이들은 대부분 간과되거나 소략하게 취급될 뿐이다. 예를 들어 중국혁명은 전격적인 혁명이 아니라 장기적인 게릴라전으로 전개된 혁명운동의 한 사례로 취급되지만, 1920~30년대에 마오쩌둥과 추종자들이 벌인 대대적인 혁명투쟁은 반 페이지의 분량으로 간략하게 소개하는 수준에 그쳤다(116쪽). 세계 사회주의 혁명의 역사에서 중국혁명이 차지하는 비중과 너무 동떨어진 것이라고 할 수 있다. 2차 세계대전에서 주축국 일본이 차지한 위상에 비해 '총력전'에서 일본의 사례는 거의 설명하지 않는다. 이와 함께 20세기 전반에 일본이 주요 제국주의 국가들의 반열에 올라설 수 있었던 요인이나 배경에 대한 관심도 부족하다. 또 2차 세계대전 이후 세계경제의 발전은 미국 주도의 세계경제라는 차원에서만 분석한다. 황금시대 일본의 발전은 이러한 미국 측 전략의 종속변수에 지나지 않는다. 홉스봄은 이렇게 스스로 묻는다.

미국이 일본을 한국전쟁과, 그리고 1965년 이후 또다시 베트남 전쟁을 위한 공업기지로 삼지 않았다면 일본 경제가 어떠한 속도로 회복되었을까?(384쪽)

홉스봄이 이 책을 저술한 시점에서 일본의 경제규모는 영국, 프랑스, 독일의 경제력을 합친 것에 버금갈 정도였지만, 그 발전을 분석할 필요성을 느끼지 않는 것같다. 요컨대 앞에서 지적한 내용들은 홉스봄의 책에서 비중 있는 주제로 다뤄지지 않는 것이다.

물론 동아시아의 역사적 경험을 여기저기에서 단편적으로 언급하는 경우는 있다. 한국에 관한 사항들만 짚어보자. 홉스봄은 산업화의 확산에도 불구하고 제국주의 국가들이 식민지에서 공업화를 적극 시도한 사례는 드물다고 지적하면서 일본이 1911년 한일합방 이후 한국과 만주에 공업화를 추진한 것을 유일한 예외로 꼽는다. 한일합방의 연도가 잘못되어 있는데 이는 저자의 착오일 것이고, 이러한 해석은 아마 이러한 일본 역사 서술의 영향을 받은 결과가 아닐까 싶다. 홉스봄은 농민 감소 현상을 다루면서 농민의 도시 유입에 따른 거대도시의 출현 사례로 테헤란, 카라치, 자카르타, 마닐라와 함께 서울을

명시한다(408쪽). 이밖에도 1980년대 한국에서 급진적 학생운동의 전개나 1970년대 이후에도 한국과 같은 후발 공업국에서 노동자층이 지속적으로 증가했다고 언급한다. 그러면서 급속한 사회변동 과정에서도 전통적인 면모를 잃지 않고 있는 나라로 묘사한다. 예를 들어 이혼의 급증을 다루면서 홉스봄은 한국이 그렇게 빨리 변하는 나라치고는 유별나고 전통적인 상태로 남아 있다고 말한다.[6]

홉스봄은 한국에 상당한 관심을 기울이고 있는 것처럼 보인다. 무엇보다도 고등교육의 확대를 상술하는 부분에서 한국의 사례를 좀더 자세하게 소개한다. 한국의 대학생이 전체 인구에서 차지하는 비율은 1975~83년 사이에 0.8퍼센트에서 3퍼센트로 상승하는데, 이는 세계에서도 유례가 없을 만큼 급속한 증가라는 것이다. 그는 한국의 고등교육에 관해 다음과 같이 덧붙인다.

> 한국의 교육 기적은 소농들이 자신의 자녀를 명예롭고 특권적인 식자층의 지위로 상승시키기 위해 팔아버린 암소의 시체에 기반을 둔 것이라고 전해진다(412쪽).

아마 한국의 사립대학을 가리켜 '우골탑牛骨塔'이라고 불렀다는 에피소드를 전해들었을 것이다.

홉스봄이 한국의 경험에서 특히 중시하는 것은 아무래도 급속한 공업화이다. 이 주제에 관한 한 그의 평가는 매우 호의적이다. 한국은 제3세계의 일부이면서도 제1세계에 근접하고 있는 몇 안 되는 나라 가운데 하나이다. 한국은 "공업화 면에서 역사상 어느 사례 못지않게 눈부신 성공담"을 보인 대표적인 국가이다. 그는 이 압축적 산업화가 어떤 배경 아래서 가능했는지 상세하게 분석하지는 않는다. 아마 그것은 불가능한 일일 것이다. 그런데도 한국을 황금시대 이래 국제분업과 세계화의 추세에 가장 잘 적응한 나라로 꼽는다. 1950년대 말까지만 하더라도 한국은 노동인구의 80퍼센트가 농업부문에 종사했으며 농업의 비중이 국민총생산의 4분의 3 수준이었다. 그러나 1980년대 말 한국의 공업은 비공산주의 세계에서 8대 공업국으로 부상할 만큼 비약적으로 발전했다(501쪽).

비록 홉스봄이 몇몇 주제에서 한국을 호의적으로 평가하고 있다고 하더라도 《극단의 시대》 전 체계에 미루어보면 지엽적인 것에 지나지 않는다. 한국을 포함한 동아시아 지역 사람들이 그들의 정체성을 새롭게 정립하려는 갖가지 시도나 이 지역의 새로운 전망에 대한 관심은 지나치리만큼 인색하다. 역시 홉스봄이 보기에 20세기 세계사를 이해하기 위해서는 유럽과 미국의 주도 아래 전개된 역사적 경험을 재구성할 수밖에 없다. 동아시아의 정체성을 드러내고 이 지역의 전망까지를 포함하는 새로운 세계사 서술은 역시 동아시아 역사가들의 작업을 통해서만이 가능할 것이다.

성찰 뒤에 남는 것

이상에서 살펴보았듯이 홉스봄은 '단기 20세기'에 관해 뛰어난 종합을 보여주지만, 그럼에도 역사적 변화에 대한 분명한 설명틀을 제시하지는 않는다. 사회주의의 붕괴와 자본주의의 자태 변환에 대해 정교한 분석 작업을 시도하지도 못했다. 사실 홉스봄의 책에서 이들 주제에 관해 체계적인 설명을 기대하는 것은 아직은 무리이다. 홉스봄은 그것에 접근하기 위한 첫걸음을 내디뎠을 뿐이며 그 이후의 작업은 다음 세대 연구자들의 몫이다. 20세기 사회주의와 자본주의의 문제에 관한 한, 오늘날의 혼돈을 걱정하는 사람이면 누구나 관심을 가져야 한다. 다음에서 나는 이 주제들에 관해 홉스봄이 전혀 포착하지 못한 새로운 현상들을 제시할 수는 없다. 다만 평소에 느꼈던 몇 가지 의문점을 열거할 뿐이다.

우선 현실 사회주의를 붕괴시킨 요인들은 대체로 확인할 수 있다. 홉스봄의 지적대로, 그 붕괴는 자본주의의 공세, 민주집중제의 변질, 생산과정의 비능률성, 중앙집중적 계획경제의 난점 등이 중첩되어 나타난 결과이다. 예를 들어 사회적 소유에 기반을 둔 생산과정 아래서는 위계적 분업과 그에 따른 관료적 경직화가 노동 동기를 약화시키고 비능률성을 낳았다. 계획생산의 경우도 사회구성원간의 욕구수준 차이 및 그 수준의 변화를 모두 고려할 수 없었다. 계획경제는 특히 초기 산업화 단계를 지난 이후 개인의 소비욕구 변화라는 중대한 문제에 직면하기에 이르렀다. 이러한 난점을 해결하기 위해서는 생산에 관련된 구성원들의 자발성, 주체적 참여, 사회주의적 가치를 우선시하는 이타적인 자기극기 등을 필요로 한다. 말하자면 기존의 인간 본성과 달리 새로운 본성을 가진 인간이 육성되어야 한다. 더욱이 자본주의 세계의 영향을 받는 상황 아래서 '사회주의적 인간화'를 고려하지 않고서는 사회주의 이상은 실현하기 어려운 것이었다. 사회주의적 인간은 아마도 이룰 수 없는 꿈에 지나지 않을 것이다. 그렇다 하더라도 그것을 지향하는 움직임을 보여주었어야 했다.

고르바초프와 페레스트로이카 이론가들은 민주집중제와 계획경제의 모순을 해결하기 위한 방안으로 의사소통의 개방과 시장경제 도입을 통한 경제개혁을 주장했다. 그러나 의사소통의 개방은 결과적으로 아래로부터 비판 여론의 형성과 권위주의적 관료집단의 이데올로기 대립을 격화시켜 체제위기를 불러왔다. 또 시장경제의 도입은 부분적으로만 실시됨으로써 생산의 활력을 높이기보다는 오히려 상품화폐경제의 일반적 경향, 즉 경쟁을 통한 생산자 분해, 소유의 집중, 경제적 불평등, 새로운 착취관계 등을 가져왔을 뿐이다.

1980년대 소련의 개혁과정에서 나타난 이러한 부작용을 막기 위해 적어도 이론상으로는 다음과 같은 두 가지 방법을 설정할 수 있다. 하나는 사회성원 개개인의 이기적 일탈행위를 감시할 수 있는 전사회적 통제장치, 예를 들어 19세기 제레미 벤섬Jeremy Bentham이 행정의 효율성을 높이기 위해 상상한, 수백 명의 죄수를 효율적으로 감시할 수 있는 원형감옥panopticon과도 같은 체제를 구축하는 방법이다. 다른 하나는 시장 교환관계에 참여하는 사람들을 사회주의적 인간으로 교화하는 것이다. 첫째 방법은 이미 역사적 유물이 된 스탈린주의로의 복귀를 뜻한다. 만일 정책으로 결정되었다면 엄청난 민중적 저항을 초래했을 것이다. 둘째 방법 또한 사회주의 국가 건설의 오랜 실험을 통해 실현 불가능한 몽상임이 밝혀졌다.

볼세비키 혁명 이래 소련의 마르크스주의자들은 인간의 물질적 조건의 변혁을 통해 사회주의적 가치를 실현하려 노력해 왔다. 그들 스스로는 경제결정론이나 경제주의의 오류를 지적하고 그 폐해를 경계

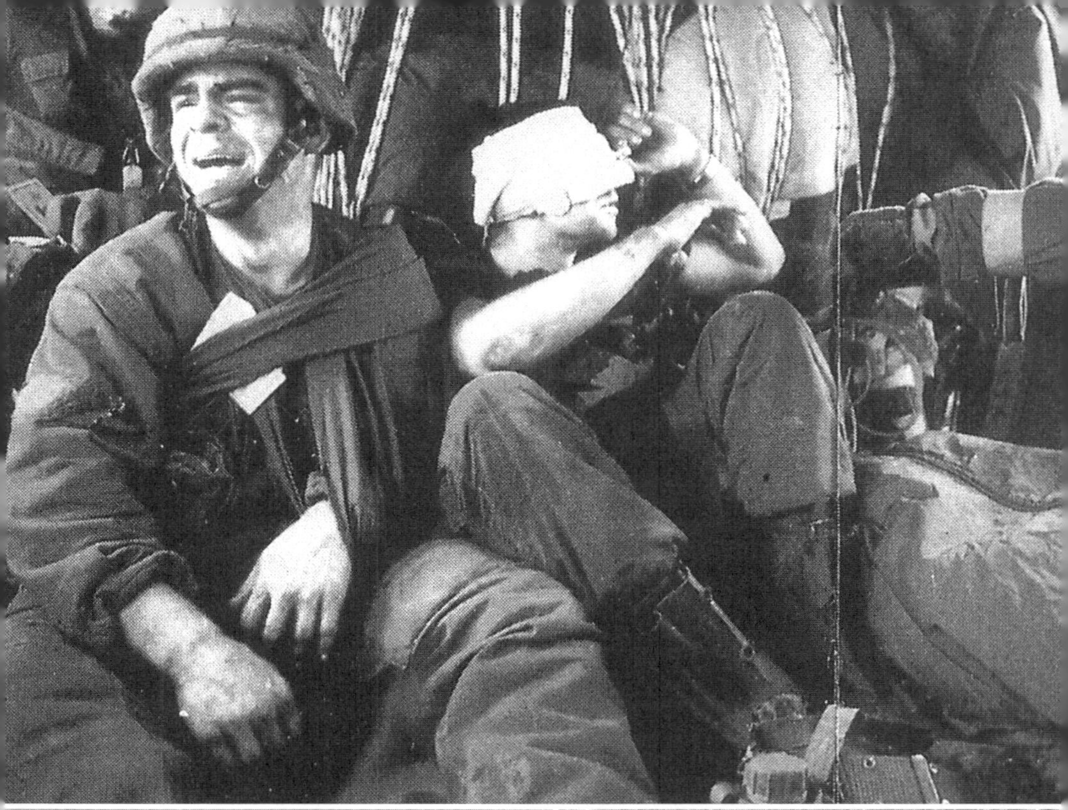
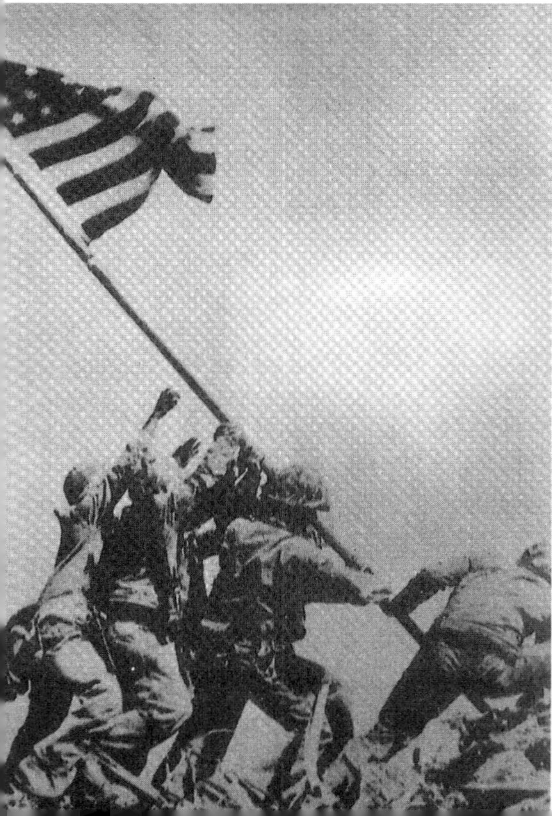
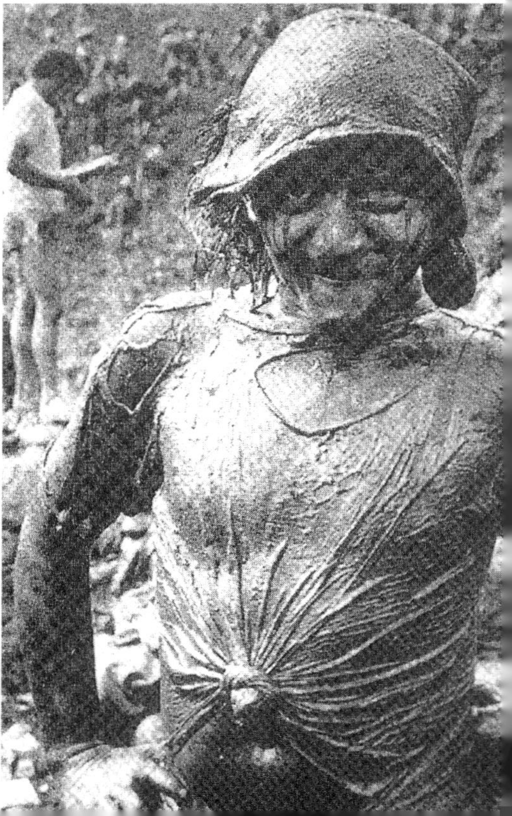

했지만, 그럼에도 그들은 사회주의로의 변혁이 경제적 조건과 인간의 주체적 의지 사이의 상호작용에 의해 상승한다는 자명한 진실을 도외시했던 것 같다. 이제 현실 사회주의는 역사고고학의 유물로 전락했다. 그것은 해방·정의·평등 등의 사회주의적 가치를 실현하는 데에 실패했을 뿐만 아니라 그것을 구현하려는 지향성조차 보여주지 못했다. 그렇다면 이들 가치 또한 역사고고학의 유물에 지나지 않는가. 홉스봄은 이 문제에 명확한 답변을 하지 않는다. 물론 우리는 현실 사회주의를 국가자본주의의 한 형태로 평가절하하면서 '진정한 사회주의'를 대망하는 트로츠키파의 견해를 수용할 수 없다. 그렇지만 사회주의적 가치가 어떤 운동의 형태로, 그리고 어떤 사회세력의 열망과 더불어 재현될 수 있는가를 따져보아야 한다. 그 가치는 우리가 역사의 진보를 믿는 한 결코 포기할 수 없기 때문이다.

다음으로 현대 자본주의는 아래와 같은 몇 가지 특징을 보여준다. 첫째, 세계체제의 관점에서 보면 자본주의 세계경제는 현실 사회주의가 붕괴한 이래 제3의 팽창기에 들어섰고 이 과정에서 중심부 국가의 헤게모니가 강화되고 있다. 둘째, 전통적인 국민 경제의 개념으로 설명할 수 없는 초국가적 경제활동이 급속하게 발전하고 있다. 초국적기업, 세계경제 차원에서 자본이동의 고속화, 기타 생산요소의 국제적 결합, 금융자본의 거대화 및 세계화 등이 이에 해당한다. 이러한 현상은 특히 오늘날 정보통신기술의 혁신과 함께 급속하게 이루어졌다. 셋째, 1980년대 이래 전 세계적 차원에서 기술혁신에 따른 노동의 위축이 심화되었을 뿐만 아니라 전통적 노동 개념 또한 변모하고 있다.

더욱이 홉스봄도 주목했듯이, 그의 저술이 출간된 이후 세계화라는 이름 아래 더 급속하게 진행된 전 지구화 경향은 현대 자본주의의 미래에 대한 전망을 더 불투명하게 만든다. 사실 지난 십여 년간 전 세계의 사람들을 지배해 온 화두는 지구화globalization라는 말이었다.[7] 이 말은 1990년대 초 WTO 체제의 출범과 함께 세계적 규모의 시장통합을 뜻하는 경제적 용어로 사용되었으나, 이를 넘어 지식, 정보, 문화 일반의 통합까지 포함하는 광범한 의미를 갖게 되었다. 지금까지 세계화는 모든 나라를 세계 시장으로 끌어들이고 이와 함께 국가의 기능을 약화시키는 방향으로 이루어졌다. 근래에 세계화 추세는 신자유주의 이데올로기, 동유럽 사회주의권의 붕괴, 그리고 정보통신 분야의 기술혁신과 같은 몇몇 계기들과 겹치면서 더욱더 맹위를 떨치고 있다. 즉 시장을 신성시하는 신자유주의 이념과 동유럽 사회주의 몰락이 미국 주도의 세계화를 더 촉진시켰고, 인터넷 이용에 따른 정보의 공유와 확산으로 자본에서 문화까지 모든 요소들의 시장통합이 가능해진 것이다.

이러한 현상은 자본주의의 작동기제와 메커니즘을 파악하는 작업을 거의 불가능하게 만들고 있다. 국민경제를 연구대상으로 삼는 근대경제학의 패러다임은 현대 자본주의 분석에 무력함을 드러낼 뿐이다. 오늘날 우리 사회가 겪고 있는 경제 위기가 그 점을 여실히 보여준다. 이제 사회주의 붕괴 이후 자기조절적인 통제장치마저 상실한 세계경제의 무한한 자본축적운동이 어떤 불안정과 혼란을 야기할 것인지 아무도 예측할 수 없다. 물론 그에 따른 지구환경의 파괴 또한 위험의 경계를 넘어섰다. 자본주의가 현상태로 자기발전을 계속하는 한 인류 절멸의 위기에 이를 수밖에 없다는 경고는 이미 현실로 나타났다. 자본주의를 제어할 수 있는 방법을 모색하려면 우선 자본주의 분석을 위한 새로운 학문적 패러다임을 정립하지 않으면 안 된다. 그리고 이러한 작업에 역사학이 기여할 수 있는 부분이 무엇인가를 숙고할 필요가 있다.

그렇다면 이와 같은 비관적 성찰 뒤에 남는 것은 무엇인가. 그동안 많은 지식인들이 극단의 세기를 경험하면서 '근대적인 것'에 회의를 나타냈다. 역사적으로 보면 서양의 근대는 신의 섭리나 주술에 기대어 현실에 적응하던 이전 시대의 삶의 양식을 벗어나 이성에 의한 합리적 기획을 통해 전체 사회의 진보를 지향하는 특징을 보여준다. 근래에 탈근대의 문제가 대두한 것은 바로 합리적 기획으로 표현되는 근대화가 더 이상 사회 진보를 위한 프로그램이 될 수 없다는 심각한 회의에서 비롯한다. 근대화가 남긴 것은 진보가 아니라 인류의 생존을 위협하는 위험의 증대뿐이었다. 계몽과 근대화의 불안정은 바로 그 근대적 기획을 이끌었던 가치체계와 사회이론에 대한 회의로 이어진다. 홉스봄은 분명 이러한 현상의 영향을 받은 것처럼 보인다. 그의 책에서 가장 뚜렷하게 느낄 수 있는 것은 '근대적인 것'의 쇠락과 사멸을 비통해하는 노역사가의 탄식이다. 홉스봄은 다음과 같이 미래에 대한 절망을 토로한다.

우리는 지난 2~3세기를 지배해 온 자본주의 발전의 거대한 경제적, 과학 기술적 작용에 의해 장악되고 뿌리가 뽑히고 변화된 세계에 살고 있다. 우리는 그러한 발전이 무한정 계속될 수 없다는 것을 잘 알고 있으며 적어도 그렇게 가정하는 것이 합리적이다. 미래는 과거의 연속일 수 없다. 또한 이제 역사적 위기의 시점에 이르렀다는 징후들이 외적으로 그리고 말하자면 내적으로도 발견된다. 과학기술 경제가 낳은 힘들은 오늘날 환경을, 즉 인류생활의 물질적 토대를 파괴할 정도로 커졌다. 인간사회의 구조 자체가 인류의 과거로부터 물려받은 것의 잠식을 통해서 이제 막 파괴되려 하고 있다(799쪽).

과거가 자신의 역할을 잃어버린 세계에서 우리는 희망의 미래를 열수 있는 새로운 방법을 알지 못한다. 그러나 과거와 현재에 대한 철저한 검토가 선행되지 않고서는 그것을 알 수 있는 가능성마저 없다. 과거와 전혀 다른 새로운 방법이 아니면 위기를 벗어날 수 없다는 홉스봄의 경고는 오히려 역설적으로 역사를 성찰할 필요성을 일깨운다. 과거와 단절하고 그 유산에서 자유로워지기 위해서라도 극단의 세기를 좀더 철저하게 되씹어야 한다. 홉스봄은 이러한 작업의 초석을 깔았다. 그가 미완으로 남긴 것들은 다음 세대의 역사가들에게 열려져 있다. 그 미완의 작업을 해결한 후에야 비로소 구세기보다 훨씬 더 낫고 더 정의로우며 활력이 있는 미래의 세기를 논의할 수 있을 것이다.

주석

윌리엄 호스킨스, 풍경의 역사

1 W. G. Hoskins, *The Making of the English Landscape* (London: Penguin Books, 1985 edn.) 이하 이 책의 인용 전거는 본문에서 밝히기로 한다.

2 *Exeter in the Seventeenth Century: Tax and Rate Assessments* (Exeter: Wheaton, 1957); *Devon and its People* (Exeter: Wheaton, 1959); *The Midland Peasant* (London: Macmillan, 1957).

3 '체스터'는 로마군 진지를 뜻하는 라틴어 'ceaster'에서 유래한다. 이 같은 꼬리말로 끝나는 지명은 맨체스터, 콜체스터, 윈체스터, 도체스터, 실체스터 등 잉글랜드 전역에 산재해 있다.

4 Daniel Defoe, *A Tour through the Whole Island of Great Britain* (London: Cass repr. 1968), vol. 1, p. 231.

5 M. E. Turner, "Parliamentary Enclosures: Gains and Costs," in A. Digby and C. Feinstein (eds.), *New Directions in Economic and Social History* (London: Macmillan, 1989), p. 24에서 계산함. 물론

의회 인클로저를 너무 과대평가하고 있다는 지적도 있다. 오히려 17세기에 이루어진 종획지의 면적이 18세기 및 19세기의 종획지보다 더 넓었다는 것이다. 워디의 계산으로는, 각 시기별 종획지면적이 영국의 총 경지 가운데 차지하는 비율은 1550년 이전 45.0퍼센트, 1550~1599년 2.0퍼센트, 1600~1699년 24.0퍼센트, 1700~1799년 13.0퍼센트, 1800~1914년 11.4퍼센트로 나타났다. J. R. Wordie, "The Chronology of English Enclosure, 1500~1914," *Economic History Review*, 2nd ser., 36:4 (1983), p. 502의 표 참조.

[6] K. Polanyi, *The Great Transformation* (Boston: Bacon Press, 1957), pp. 56~7.

[7] 18세기 전반에도 이미 적지 않은 수의 인클로저법이 제정되었으며, 거의 3,000여 건에 이르는 이들 법안이 집중적으로 의회에서 통과된 시기는 대략 1760~1820년간이었다. 구체적으로 보면 1760~1780년 사이에 입법사례가 증가하고 1980년대의 입법감소기를 거쳐 1795년부터 1810년 무렵까지 절정에 이르렀다. Turner, "Parliamentary Enclosures: Gains and Costs," p. 23의 표 참조.

[8] 울타리 숲과 함께 오늘날 잉글랜드에서 흔히 볼 수 있는 가시금작화 숲과 덤불지대는 모두 인위적으로 조성된 것이다. 관목지대와 공동지를 인클로저하면서, 여우가 몸을 숨길 수 있는 가시금잠화 수풀이 적어졌다. 이 때문에 지주들은 다시금 여우사냥을 목적으로 가시금잠화 수풀과 덤불을 조성하기 시작했다. 이 여우 보호구역은 면적이 2에이커 가량이었고, 그 이상인 경우는 드물었다. 일부 지주와 귀족들은 이들 숲 주위에 다시 울타리를 세웠다. 이 숲들은 작은 규모와 규칙적 형태로 인해 옛날부터 내려오는 진짜 삼림과 구별된다. 이것들은 잉글랜드의 풍경 중에서도 아주 눈여겨볼 만한 모습이다. 미들랜즈에서 거의 유일하게 숲다운

숲이기 때문이다(p. 197).

9 1895년 설립되어 1907년 내셔널트러스트 법에 의해 법인체로 바뀌었다. 이 조직은 역사적 건축학적으로 중요한 건축물이나 아름다운 자연을 보호하고 대중이 즐기도록 하는 데 설립목적을 두고 있다. 처음 이 운동을 주도한 사람은 옥타비아 힐, 로버트 헌터 등이다. 350여 곳 이상의 대저택과 건축물, 그리고 광대한 넓이의 자연보호지구를 관리하고 있다.

10 산업 혁명에 관한 근래의 수정주의 견해는 이영석, 《다시 돌아본 자본의 시대》(소나무, 1999), 1장을 볼 것.

로렌스 스톤, 사회사의 지평 넓히기

1 *The Guardian*, 1999년 7월 5일자.

2 스톤의 대표적인 저술을 열거하면 다음과 같다. *The Crisis of the Aristocracy, 1558~1641* (Oxford University Press, 1965); *The Causes of the English Revolution, 1529~1542* (New York: Harper and Row, 1972); *Family, Sex and Marriage in England 1500~1800* (New York: Harper and Row, 1977); L. Stone and J. C. F. Stone, *An Open Elite? England 1540~1880* (Oxford University Press, 1984); *Road to Divorce: England 1530~1987* (Oxford University Press, 1990); *Uncertain Unions: Marriage in England 1660~1753* (Oxford University Press, 1992); *Broken Lives: Marital Separation and Divorce in England 1660~1857* (Oxford University Press, 1993); *The Past and the Present* (London: Routledge and Kegan Paul, 1981).

3 스톤의 공식적인 이력에 관해서는 주로 《가디언》지의 기사 외에, 로버트

단턴의 추도사와 박순준의 국내 논문을 참조했다. Robert Darnton, "Lawrence Stone," *Proceedings of the American Philosophical Society*, 145: 3 (Sep. 2001), pp. 380~83; 박순준, 〈로렌스 스톤과 영국혁명의 사회사〉, 《영국연구》 10호(2003), 55~85쪽.

4 Lawrence Stone, *Sculpture in Britain in the Middle Age* (Harmondsworth: Penguin Books, 1955).

5 Lawrence Stone, "The Anatomy of the Elizabethan Aristocracy," *Economic History Review*, 18 (1948), pp. 1~53.

6 Hugh Trevor-Roper, "The Elizabethan Aristocracy: An Anatomy Anatomized," *Economic History Review*, 2nd ser., 3:2 (1951), pp. 279~98 ; Lawrence Stone, "The Elizabethan Aristocracy-A Restatement," *Economic History Review*, 2nd ser., 4:2 (1952), pp. 302~21 ; J. P. Cooper, "The Counting of Manors," *Economic History Review*, 2nd ser., 8:3 (1956), pp. 377~89. 이 논쟁에 관해서는 리처드 에번스, 《역사학을 위한 변론》(소나무, 1999), 168~70쪽을 볼 것.

7 에번스, 같은 책, p. 170.

8 《귀족의 위기》나 《영국혁명의 원인들》과 같은 그의 초기 저술은 이미 박순준의 논문 〈로렌스 스톤과 영국혁명의 사회사〉에 상세하게 소개되었다. 이 밖에 이태숙, 〈근대 영국의 엘리트 탐방〉, 《영국연구》 2호(1998)도 주목할 만하다. 이 논문은 스톤의 《귀족의 위기》와 《열린 엘리트?》에 게재된 각종 계량적 자료를 통계적으로 검정해 그의 주장에 신뢰도가 있는지를 살피고 있다. 대체로 《귀족의 위기》에서 스톤이 제시한 통계들은 그의 주장을 뒷받침하기에는 신뢰도가 떨어지는 경우가 종종 있으며, 그보다는 《열린 엘리트?》의 저택소유자 통계치가 대체로 유의미하다는 것이 이 논문의 결론이다.

[9] Stone, *Crisis of the Aristocracy*, pp. 7~8.

[10] 같은 책, pp. 12~13.

[11] 《귀족의 위기》 부록은 28가지의 각종 통계를 수록하고 있다.

[12] 지대수입은 Stone, *Crisis of the Aristocracy*, p. 760의 〈부록 8〉, 기타 부대수입 합계는 p. 761의 〈부록 9〉를 볼 것.

[13] Stone, *Crisis of the Aristocracy*, p. 141.

[14] 같은 책, pp. 748~49.

[15] Robert Ashton, "The Aristocracy in Transition," *Economic History Review*, 2nd ser., 22:2 (1969), p. 311.

[16] Stuart Woolf, "The Aristocracy in Transition: A Continental Comparison," *Economic History Review*, 2nd ser., 23:3 (1970), p. 520.

[17] Lawrence Stone, "The Aristocracy in Transition: A Reply to Dr. Woolf," *Economic History Review*, 2nd ser., 25:1 (1972), pp. 114~16.

[18] J.H. Hexter, "The Myth of the Middle Class in Tudor England," in idem, *Reappraisals in History* (London: Longman, 1961), pp. 71~116.

[19] R. Grassby, "Social Moblility and Business Enterprise in Seventh-Century England," in D. Pennington and L. Thomas, eds., *Puritans and Revolutionaries* (Oxford University Press, 1978), pp. 379, 381.

[20] 따라서 귀족주도설에 대한 비판도 많다. 금융혁명을 주도한 상인세력의 중요성을 강조하는 데이비스의 연구나, 17세기 시티의 참사회의 분석을 통해 이들 엘리트 가운데 지주 출신은 소수였고, 대부분 원래 상인 가문

출신이었다는 랭과 로저스의 견해가 이에 해당한다. K.G. Davis, "The Mess of the Middle Class," *Past and Present*, 22 (1962), p. 80; R. Lang, "Social Origins Aspirations of Jacobean London Merchants," *Economic History Review*, 2nd ser., 27:1 (1974), p. 47; Nicolas Rogers, "Money, Land and Lineage: The Big Bourgeoisie of Hanoverian London," *Social History*, 4:3 (1981), pp. 437~54. 귀족주도설에 대한 전반적인 비판은 다음을 볼 것. Henry Horwitz, "The Mess of the Middle Class Revisited: The Case of the Big Bourgeoisie of Augustan London," *Continuity and Change*, 2:2 (1987), pp. 263~96.

21 Harold Perkin, *The Origins of Modern English Society* (London: Routledge and Kegan Paul, 1969), p. 38. 퍼킨은 18세기 사회구조의 성격을 '무계급사회classless society'로 표현한다. "무계급사회가 정치, 경제, 사회적인 힘을 장악한 단일한 엘리트의 지배를 받는 사회를 뜻한다면, 18세기 영국이 바로 그런 사회일 것이다. 지배의 피라미드에 속하는 모든 지위집단의 정상에 자리 잡은 토지귀족은 수직적 결합과 의존이라는 수단을 통해 사회를 하나의 신분적 위계조직 아래 통합할 수 있었던 것이다"(같은 책, p. 37).

22 Stones, *An Open Elite?*, pp. 217~21.

23 같은 책, pp. 407~10, 423.

24 이와 같은 문제제기는 다음의 논평을 볼 것. Christopher Clay, "An Open Elite?: England 1540~1880," *Economic History Review*, 2nd ser., 38:3 (1985), p. 453; Henry Horwitz, "The Mess of the Middle Class Revisited: The Case of the Big Bourgeoisie of Augustan London," *Continuity and Change*, 2:2 (1987), pp.

266~67.

²⁵ 신사적 자본주의론은 근대 영국 경제사에서 부의 축적의 가장 중요한 부분이 대토지를 소유한 소수의 지배 엘리트에 의해 이루어졌다는 것을 전제로 내세운다. 신사적 자본주의란 한마디로 신사적 규범을 지키면서 시장을 통해 부를 축적하는 경제활동으로 이해할 수 있다. P. J. Cain and A. G. Hopkins, *The British Imperialism I: Innovation and Expansion* (London: Longman, 1993), p. 24. 신사적 자본주의에 관해서는 다음을 볼 것. 이영석, 〈신사적 자본주의와 제국〉, 《서양사론》 69 (2001), 183~209쪽.

²⁶ Stone, *Crisis of the Aristocracy*, ch. 11.

²⁷ Stone, *Family, Sex and Marriage*, pp. 3~4.

²⁸ 같은 책, p. 18.

²⁹ 실제로 책의 구성 또한 이와 같은 단선적 변화에 맞춰져 있다. 모두 6부로 이루어진 책의 목차는 다음과 같다. 1부 서론(1~2장), 2부 개방적인 혈통가족(3장), 3부 고도로 가부장적인 핵가족(4~5장), 4부 폐쇄적인 가정중심 핵가족(6~9장), 5부 성(10~12장), 6부 결론(13장).

³⁰ Stone, *Family, Sex and Marriage*, p. 4. 스톤은 친족 또는 혈족을 뜻하는 용어로 lineage와 kin을 함께 쓰고 있는데, 여기에서 앞의 용어는 살아 있거나 죽거나 또는 앞으로 태어날 사람까지 다 포함된 친척을 뜻하고, 뒤의 것은 이들 가운데 현재 살아 있는 사람들을 가리키는 용어이다(같은 책, p. 29).

³¹ 같은 책, p. 117.

³² 같은 책, p. 216.

³³ 같은 책, 같은 면.

³⁴ 같은 책, pp. 7~8.

[35] 같은 책, p. 6.

[36] 초혼 부부의 결혼기간에 관해서는, 같은 책, p. 57의 〈표 6〉, 15세 이전 사망률에 관해서는, 같은 책, p. 67의 〈표 10〉을 볼 것. 물론 이들 통계는 주로 귀족가문에 국한되었다는 한계가 있다.

[37] 같은 책, pp. 55, 70.

[38] 같은 책, p. 70.

[39] P. Ariès, *Centuries of Childhood* (New York: Harper and Row, 1965).

[40] *Family, Sex and Marriage*, p. 326.

[41] 같은 책, p. 420.

[42] 같은 책, p. 65. 〈표 8〉을 볼 것

[43] 같은 책, p. 661.

[44] 스톤에 대한 다양한 비판은 다음을 볼 것. Alan Macfarlane, "The Family, Sex and Marriage in England," *History and Theory*, 18:1 (1979), pp. 103~26.

[45] P. H. Plumb, "The New World of Children in Eighteenth-Century England," *Past and Present*, 67 (1975), pp. 64~93.

[46] 같은 글, pp. 69, 80.

[47] Lawrence Stone, "History and Post - Modernism," *Past and Present*, 131 (1991), pp. 217~18.

[48] 마크 포스터, 《포스트모던 시대의 새로운 문화사》, 조지형 옮김(이대출판부, 2006), 40~46쪽.

[49] *Family, Sex and Marriage*, 5장 및 8장을 볼 것.

[50] Stone, *Road to Divorce*, p. vi.

[51] 같은 책, p. 33.

52 《이혼행로》의 1부는 결혼, 2부는 이혼을 다룬다. 참고로 목차를 소개하면 다음과 같다. 1부 2장 혼인법과 관습, 3장 서약결혼, 4장 비밀결혼, 5장 1753년 혼인법에서 1868년 법까지/ 2부 6장 유기, 가출, 아내 매매, 7장 사적 별거, 8장 법적 별거, 9장 간통에 대한 조치, 10장 의회에서 이혼 논란, 11장 이혼관련법안 1604~1850, 12장 이혼개력법의 통과, 13장 에필로그.

53 Stone, *Road to Divorce*, pp. 1~2.

54 같은 책, p. 6.

55 Stone, *Family, Sex and Marriage*, p. 31.

56 Stone, *Road to Divorce*, pp. 53~54.

57 같은 책, p. 135.

58 비밀결혼이란 법적 구속력을 갖지만, 교회법을 위반하는 방식으로 거행된 결혼을 뜻한다. 우선 이런 결혼은 성직자를 자처하는 어떤 사람의 인도를 받고 성공회기도서*Book of Common Prayer*에 규정된 절차를 따랐기 때문에 구속력이 있었다. 이에 비해 공개하지 않고 비밀로 거행했을 뿐만 아니라 교회 당국의 허가를 받지 않거나, 결혼 청첩장을 돌리지 않거나, 교회가 아닌 다른 장소, 이를테면 술집이나 자기 집 또는 커피숍에서 식을 치렀기 때문에 불법이었다(같은 책, p. 96).

59 같은 책, p. 136.

60 같은 책, p. 119.

61 원래 이름은 필립 요크(Philip Yorke)이다.

62 Stone, *Road to Divorce*, pp. 123~24.

63 같은 책, p. 141.

64 같은 책, pp. 170~81.

65 같은 책, pp. 150~51.

66 같은 책, p. 151.

67 같은 책, p. 160.

68 Stone, *Family, Sex and Marriage*, p. 331.

69 Stone, *Road to Divorce*, p. 153.

70 같은 책, p. 159.

71 같은 책, p. 14.

72 史所貴者義也, 而所具者事也, 所憑者文也. 《張學誠》,〈史德〉.

73 에번스, 《역사학을 위한 변론》, 324쪽에서 재인용.

74 스톤은 역사 연구 및 서술의 방법에 관해서도 꾸준히 관심을 기울였다. 그의 사론집 《과거와 현재》에는 역사학과 사회과학의 관계, 문학상의 인물연구, 내러티브 역사 등을 다룬 글들과, 종교개혁, 혁명과 반혁명, 17세기 위기론, 퓨리터니즘, 마법과 종교와 이성, 가톨릭, 법, 대학, 아동과 가족, 노년, 죽음 등의 주제들에 관해 깊이 성찰한 글들이 실려 있다. 또 그의 역사 서술 자체도 경제결정론에서 통계적 방법을 거쳐 인류학과 사회학의 개념을 원용하기도 하고 말년에는 내러티브 역사로 방향을 틀었다. 스톤의 역사관과 역사 서술에 관한 검토는 또 다른 지면이 필요할 것 같다.

75 Lawrence Stone, "History and Post-Modernism," *Past and Present*, 131 (1991), pp. 217~18.

76 *The Guardian*, 1999년 7월 5일자.

시어도어 젤딘, 감성의 역사를 찾아서

1 Daniel Snowman, "Theodore Zeldin" [interview], *History Today*, 49 (July 1999), p. 26.

2 Theodore Zeldin, *France 1848~1945* (Oxford University Press,

1973) 2 vols. 이 책의 1권은 "야망, 사랑, 정치", 2권은 "지성, 맛, 분노"
라는 부제가 붙어 있다. 이 책은 1979~80년에 전5권으로 다시 간행되었
고, 1991년판의 책 이름은 *A History of French Passions
1848~1945*(전 2권)로 바뀌었다.

3 그의 아버지는 수학자였고, 어머니는 치과의사였다. 러시아 혁명 직후
그들은 러시아를 떠나 영국령 팔레스타인으로 이주했다. 그렇다고 해서
그의 부모들이 시오니스트였던 것은 아니다. 1933년 젤딘은 그곳에서
태어났다. 2차 세계대전기에 그의 가족은 이집트 알렉산드리아에서 머
물렀으며, 젤딘은 영국계 중학교를 다녔다.

4 Snowman, "Theodore Zeldin," pp. 27~8.

5 Zeldin, *France 1848~1945, Vol. 1: Ambition, Love and
Politics*(1973), p. 2.

6 1979~80년에 전 5권으로 다시 간행된 《프랑스 1848~1945》 각 권의 장
을 소개하면 다음과 같다. 1권(야망과 사랑): 1부 1장 부르주아지의 위선,
2장 의사들, 3장 공증인, 4장 자산가, 5장 기업가, 6장 은행가, 7장 보통사
람들의 야망, 8장 관료, 9장 농민, 10장 노동자/ 2부 11장 결혼과 도덕, 12
장 어린이, 13장 여성. 2권(지성과 자존심): 1장 국민정체성, 2장 지방, 3
장 외국인에 대한 태도, 4장 교육과 희망, 5장 논리와 말투, 6장 특권과
문화, 7장 대학. 3권(맛과 부패) 1장 맛있는 것과 맛없는 것, 2장 신앙과
미신, 3장 패션과 아름다움, 5장 신문과 부패, 6장 과학과 안락, 7장 행복
과 유머, 8장 먹고 마시기. 4권(정치와 분노) 1장 생활에서 정치의 영역, 2
장 국왕과 귀족, 3장 정치의 천재들, 4장 공화주의, 5장 보나파르티즘, 6
장 제3공화국의 정치인들, 7장 기회주의, 8장 집단주의, 9장 급진주의, 10
장 사회주의. 5권(불안과 위선) 1장 사생활, 2장 개인주의와 정서, 3장 걱
정, 권태, 히스테리, 4장 위계서열과 폭력, 5장 출생과 죽음, 6장 종교와

반교권주의, 7장 기술관료제, 8장 장로정치, 9장 위선.

[7] Theodore Zeldin, *France 1848~1945: Ambition and Love* (Oxford University Press, 1979), p. vii.

[8] 같은 책, p. 2.

[9] 같은 책, p. 3.

[10] 같은 책, p. 7.

[11] 같은 책, pp. vii~viii.

[12] 이 책은 우리가 일련의 소설을 읽는 것과 같은 방식으로 읽힐지도 모른다. 소설은 각기 한 가족이나 단체에 관한 이야기를 다른 관점에서 이야기한다. 이 책의 각장은 독립적으로 읽힐 수 있다. 그 자체의 사건들을 가지고 있기 때문이다(같은 책, p. vii).

[13] Zeldin, *France 1848~1945, Vol. 1: Ambition, Love and Politics* (1973), p. 11.

[14] 같은 책, pp. 11~12.

[15] Zeldin, *France 1848~1945: Ambition and Love* (1979), pp. 14~16.

[16] Theodore Zeldin, *France 1848~1945: Intellect and Pride* (Oxford University Press, 1980), p. 4.

[17] 같은 책, pp. 7~8.

[18] 젤딘에 따르면, 프랑스어에 대한 지식인들의 집착은 유별난 점이 있다. 프랑스어야말로 철자와 실제 발음의 괴리가 아주 큰 언어인데, 그것도 이러한 집착의 산물이다. 프랑스 한림원Academia de France은 철자를 현실화하려는 여러 시도에 반대 입장을 취했다. 예컨대 19세기 중엽에 복수어미 x를 s로 바꾸려는 시도가 있었지만 좌절되었다(같은 책, p. 23).

[19] 같은 책, p. 25.

20 Theodore Zeldin, "Social History and Total History," *Journal of Social History*, vol. 10 (1976), p. 237.

21 Theodore Zeldin, *The French* (London: Collins, 1983), p. 4.

22 이 책의 목차를 소개하면 다음과 같다. 1부 평균적인 프랑스인을 만나기가 어려운 이유: 1장 관광을 피하는 방법, 2장 종교적 억양을 해석하는 방법, 3장 그들에게 거리를 두고 이야기하는 방법, 4장 그들의 농담을 듣고 웃는 방법과 엄숙하게 보여야 할 때/ 2부 그들을 사랑하는 방법: 5장 할머니를 이해하는 방법, 6장 어린이가 그들의 부모를 대하는 방법, 7장 결혼하는 방법, 8장 배우자를 찾고 관계를 지속하기가 더 어려운 경위, 9장 연인끼리 서로 원하는 것/ 3부 프랑스인과 경쟁하고 협상하는 방법: 10장 사람들에게 현실적인 권력을 찾도록 해주는 방법/ 11장 관리자와 귀족을 구분하는 방법, 12장 노동자들은 터프한 사장을 대할 때 얼마나 화를 내는가, 13장 공산주의자의 중심부를 찾을 수 있는 곳, 14장 무엇이 탈락자가 되는가, 15장 소상점주는 어떻게 살아남는가, 16장 농민과 사귀는 방법/ 4부 그들의 미각을 이해하는 방법: 17장 알맞게 먹는 법, 18장 세련됨을 갖추는 법, 19장 그들은 어떻게 그들의 생활 스타일을 선택하는가/ 5부 그들이 말하려고 하는 것을 이해하는 방법: 20장 그들의 언어를 이해하는 방법, 21장 문화를 인식하는 방법, 22장 그들의 교육의 효력을 판단하는 방법, 23장 프랑스 지식인에게 주눅 들지 않는 방법/ 6부 그들과 교감하는 방법: 24장 10대 청소년들의 분노를 이해하는 방법, 25장 여성해방이 느리게 진행되는 경위, 26장 그들이 외국인과 유대인을 취급하는 방법, 27장 그들은 어떤 질병으로 고통을 겪으며 또 그로부터 살아남는가, 28장 노년에 권태에 빠지지 않는 방법, 29장 그들이 기도하는 방법.

23 Zeldin, *The French*, p. 31.

24 같은 책, p. 267.

25 같은 책, p. 268.

26 같은 책, pp. 272~73.

27 같은 책, p. 273.

28 같은 책, p. 355.

29 같은 책, p. 357.

30 같은 책, p. 361.

31 인간은 궁극적으로 무엇을 원하는가? 젤딘은 이 책에서 묻는다. 그들은 행복을 원한다고 말한다. 그 다음에는? 섬디와 그의 일행은 파라다이스의 주민들을 만난다. 그들 가운데에는 과거의 인물들인 헨리 포드, 프란츠 페르디난드 대공 등이 있다. 그녀는 걸리버 여행기처럼 전통적인 의미에서 보면 낙원의 방랑자이다. 그러나 종국에 이르러 섬디는 실존 세계로 귀환할 준비를 한다. 그녀는 여러 바벨탑을 오르고 나서 마침내 완전한 행복이란 권태와 비슷하다는 것, 인생의 진정한 목적은 새로운 모험을 시작할 용기와 같은 어떤 것을 포함하고 있음을 깨닫는다. 결국 젤딘은 우리에게 다가오는 새로운 세기(21세기)에 인류는 무엇을 희구하며 살아야 할 것인지를 묻고 있다.

32 젤딘, 《인간의 내밀한 역사》, 김태우 옮김(강, 1999). 이 책에 대한 국내 서평으로는, 김용우, 〈인류의 카운셀러가 된 역사가〉, 《당대비평》 9호(1999)를 볼 것.

33 젤딘, 《인간의 내밀한 역사》, 29쪽.

34 같은 책, 18쪽.

35 같은 책, 83~4쪽.

36 같은 책, 96쪽.

37 같은 책, 98쪽.

[38] 같은 책, 124쪽.

[39] 같은 책, 127~28쪽.

[40] 같은 책, 344~48쪽.

[41] 같은 책, 354쪽.

[42] 같은 책, 356~59쪽.

[43] 같은 책, 537쪽.

[44] 같은 책, 549~51쪽.

[45] 같은 책, 577쪽.

[46] 같은 책, 574쪽.

[47] Snowman, "Theodore Zeldin," p. 26.

로이 포터, 다산성의 미학

[1] *The Guardian*, 2002년 3월 5일자 기사에서 W.F. Bynum은 이렇게 슬퍼한다. "은퇴 후에 포터는 취미 삼아 악기를 연주하고 몇 가지 외국어를 공부하고 정원 가꾸는 것을 원했다. 아, 그는 그 마지막 열망을 이제 갓 시작했을 뿐이었다. 그렇게 인생을 충실하게 살아왔던 그의 갑작스러운 죽음은 그를 아는 모든 사람들에게 충격을 가져다주었다."

[2] 같은 신문, 같은 일자. John Ezard의 기사.

[3] *The Times*, 2002년 3월 6일자 기사. "2002년 4월 22일(월) 오후 3시 30분. 런던 유스턴 가Euston Road에 있는 세인트 팬크라스 교구교회St. Pancrass Parish Church에서 추도예배가 열렸다. 포터의 동료이자 웰컴 의학사연구소 소장인 해럴드 쿡Harold J. Cook 교수는 포터가 '지질학의 역사, 런던, 18세기 브리튼의 사상 및 사회, 의학, 광기, 통풍, 환자들, 개업의, 문학, 예술' 등 온갖 분야에 학문적 관심을 기울였다고 경탄한다"(추도 팸플릿 참조).

4 지금은 연구소의 공식 명칭이 'Wellcome Trust Centre for the History of Medicine at Univerity College of London' 으로 바뀌었다.

5 나는 포터의 사망에 관한 신문기사와 추도예배 팸플릿 등을 보내준 샤론 메신저Sharon Messenger 박사에게 감사한다. 그녀는 몇 년간 포터와 함께 작업해 온 웰컴 연구소 연구원research fellow이다. 나는 연구소에서 잠깐 그녀를 만났다. 다음 기회에 정식으로 인터뷰하기로 했으나, 사정이 여의치 않아 그 대신에 도움이 될 만한 자료를 보내주었다. 이 글에서 언급한 포터의 개인적 면모를 알려주는 단편적인 내용들은 모두 그녀가 보내준 자료에 힘입은 것임을 밝혀둔다.

6 포터의 의학사 서술들에 관한 상세한 소개는 다음 논문을 볼 것. 설혜심, 〈로이 포터의 역사세계〉, 《영국연구》 10호(2003), 89~118쪽.

7 Roy Porter, *London: A Social History* (Harvard University Press, 1998), p. xiii.

8 제퍼슨은 다음과 같이 회고한다. "로이는 정말 지식을 사랑했습니다. 언젠가 저는 그와 함께 복도를 걸어가면서, 윌슨즈 스쿨을 발전시키려면 무엇을 해야 하는지 물었지요. 로이는 이렇게 말하더군요. 저는 모두가 조금씩 더 열심히 공부했으면 좋겠어요 라고."

9 이 논문은 몇 년후 케임브리지 대학 출판부에서 출판되었는데, 이것이 공식적으로는 그의 최초의 저작이다. *The Making of Geology: Earth Science in Britain, 1660~1815* (Cambridge University Press, 1977).

10 *The Guardian*, 2002년 3월 7일자. 처칠 칼리지에서 그에게 배웠던 Jack Pole의 기사 참조.

11 *The Time Higher Education Supplement*, 2001년 11월 20일자, Christopher Wood의 인터뷰 기사.

12 같은 기사 참조. 한편, 추도 팸플릿의 연구목록을 살펴보면, 저서·편

저 · 공저(또는 단행본 기고) 103(여기에는 재간행본 포함), 논문 75, 앞으로 간행될 공저 및 논문 15로 나타난다.

[13] 출판 연도순으로 중요한 저술만 소개하면 다음과 같다. (1) *The Making of Geology: Earth Science in Britain, 1660~1815* (New York: Cambridge University Press, 1977); (2) *English Society in the Eighteenth Century* (Harmondsworth: Penguin, 1982); (3) *A Social History of Madness* (London: Weidenfeld and Nicolson, 1987); (4) *Mind-forg'd Manacles: A History of Madness in England from the Restoration to the Regency* (London: Athlone, 1987); (5) *Edward Gibbon: Making History* (London: Weidenfeld & Nicolson, 1988); (6) *Doctor of Society: Thomas Beddoes and the Sick Trade in Late-Enlightenment England* (London: Routledge, 1992); (7) *London: A Social History* (London: Hamish Hamilton, 1994); (8) *Disease, Medicine and Society in England, 1550~1860* (Cambridge University Press, 1996); (9) *The Greatest Benefit to Mankind: A Medical History of Humanity* (London: Harper Collins, 1997); (10) *Madness: A Brief History* (Oxford University Press, 1999); (11) *Enlightenment: Britain and the Creation of the Modern World* (Nemesis: Allen Lane, 2000). (12) *Bodies Politic: Disease, Death, and Doctors in Britain, 1650~1900* (Ithaca: Cornell University Press, 2001).

[14] *The Times Higher Education Supplement*, 2001년 11월 20일자, 앞의 기사.

[15] 런던이라는 이름은 린딘Lyn Din, 즉 '호수의 도시'라는 뜻을 가진 켈트어에서 유래한다.

[16] Roy Porter, *London: A Social History*, p. 131.

17
 E. A. Wrigley, "Simple Model of London's Importance in Changing English Society and Economy, 1650~1750," *Past and Present*, 37 (1967), p. 46.

18
 Porter, *London*, p. 146.

19
 이상은 다음을 참조할 것. 송병건, 〈영국민의 생활권〉, 영국사학회 편, 《자본, 제국, 이데올로기》(혜안, 2005), 26~48쪽. 이 시기에 런던과 비슷한 패턴을 보여주는 도시는 암스테르담뿐이다. 같은 기간에 그 비율은 8퍼센트에서 9퍼센트로 높아지고 있다. 그러나 그 증가율은 미미한 편이다. 이상은 Wrigley, "Simple Model of London's Importance," p. 45 참조.

20
 J. R. Wordie, "The Chronology of English Enclosure, 1500~1914," *Economic History Review*, 2nd ser., 36:4 (1983), pp. 483~505.

21
 N. F. R. Crafts, "Industrial Revolution in Britain and France: Some Thoughts on the Question 'Why Was England First?'," *Economic History Review*, 2nd ser., vol. 30, no. 3 (1977), p. 441.

22
 19세기에 스코틀랜드를 포함한 영제국은 1,600만 명에서 4,400만 명, 독일 영방국가 인구는 2,400만 명에서 6,000만 명으로 증가한다. 그러나 프랑스의 경우 3,600만 명에서 3,900만 명 수준으로 완만하게 증가했을 뿐이다. 팀 블래닝, 《옥스퍼드 유럽현대사》(한울, 2003), 138쪽.

23
 Porter, *London*, p. 228.

24
 같은 책, p. 162.

25
 같은 책, p. 164에서 재인용.

26
 이영석, 《근대의 풍경》(푸른역사, 2003), 150~54쪽 참조.

27
 Porter, *London*, p. 185.

[28] 이러한 시각은 아마도 유르겐 하버마스Jürgen Habermas에게까지 소급해 올라가야 할 것이다. 그는 계몽운동을 여론의 토론과 변용을 위한 공공영역의 창출과정으로 이해한다. J. Habermas, *The Structural Transformation of the Public Sphere: An Inquiry into the Category of Bourgeois Society* (Oxford: Blackwell, 1989), Thomas McCarthy 의 서문 참조.

[29] Roy Porter, *Enlightenment: Britain and the Creation of the Moderm World* (Harmondsworth: Penguin, 2001), p. 6.

[30] 같은 책, pp. xx~xxi.

[31] 같은 책, p. 12.

[32] 같은 책, 같은 면. 이밖에 이 책 5장(pp. 96~129)을 볼 것.

[33] 같은 책, p. 99.

[34] 같은 책, p. 13. 이 주제는 특히 6장(pp. 130~55)에서 집중적으로 다룬다.

[35] 포터는 사회과학의 성립과 전개 과정을 이 책 3장(pp. 48~71)과 7장(pp. 156~83)에서, 그리고 규범과 정치권력에 대한 비판 및 공리주의적 개혁은 8장(pp. 184~204)과 18장(pp. 397~423)에서 다룬다.

[36] 이 책의 11장(pp. 258~75)은 행복의 탐닉, 17장(pp. 383~96)은 부의 추구, 12장(pp. 276~94)은 새로운 감성의 출현, 15장(pp. 339~63)은 자녀 교육을 다룬다.

[37] 영국 학술원은 18개 인문 · 사회과학 분과로 구성되어 있다. 그 분과를 소개하면 다음과 같다. ① 인문학 분야: 고전고대classical antiquity/ 신학 및 종교학religious studies/ 아프리카학 및 동양학oriental studies/ 언어학 및 문헌학philology/ 근대 초기 언어학 및 문학/ 근대언어학, 근대 문학 및 다른 예술media/ 고고학/ 중세학medieval studies, history and literature/ 근세사early modern history, to 1800/ 근대사(19세기

이후)/ 예술 및 음악사/ 철학; ② 사회과학 분야: 법학/ 경제학 및 경제사/ 사회인류학 및 지리학/ 사회학, 인구학 및 사회통계/ 정치학(정치이론, 행정, 국제관계론)/ 심리학.

에릭 홉스봄, 20세기를 돌아보다

1 Eric J. Hobsbawm, *The Age of Extremes: The Short Twentieth Century, 1914~1991* (London: Michael Joseph, 1994); 이용재 옮김, 《극단의 시대: 20세기의 역사》(까치, 1997). 이 글에서 참조한 것은 이 번역본이며 구체적 인용 전거는 본문에 밝힌다.

2 각 장의 목차를 소개하면 다음과 같다. 1부: 1장 총력전의 시대, 2장 세계 혁명, 3장 경제적 심연 속으로, 4장 자유주의의 몰락, 5장 공동의 적에 대항해, 6장 1914~45년의 예술, 7장 제국들의 종식/ 2부: 8장 냉전, 9장 황금 시대, 10장 사회 혁명, 11장 문화 혁명, 12장 제3세계, 13장 현실사회주의/ 3부: 14장 위기의 몇십 년, 15장 제3세계와 혁명, 16장 사회주의의 종식, 17장 전위예술의 사멸, 18장 마법사와 도제, 19장 새로운 천년기를 향해.

3 *The Age of Revolution: Europe 1789~1848* (London: Weidenfeld and Nicolson, 1962); *The Age of Capital, 1848~1875* (London: Weidenfeld and Nicolson, 1975); *The Age of Empire, 1875~1914* (London: Cardinal, 1987). 이 3부작은 모두 국내에서 번역되었다.

4 홉스봄에 관한 개략적인 소개는 다음을 볼 것. 박지향, 〈홉스봄: 전체사로서의 사회사〉, 양병우 쪽, 《역사가와 역사 인식》(민음사, 1989), 251~81쪽; 하비 케이, 《영국의 마르크스주의 역사가들》, 양효식 옮김(역사비평사, 1988), 161~99면.

5 한국의 산업화 과정에서 유교의 역할을 강조한 1990년대의 일련의 논의도 이런 맥락에서 이해할 수 있다. 이른바 유교 자본주의론은 아시아 신흥공

업국의 급속한 경제발전을 일종의 정신적 태도에서 찾는 베버적 방법을 따르고 있다. 그러나 이것은 아시아 특유의 현상이라고 할 수 없다. 본문에서 언급했듯이 한 사회에서 자본주의가 팽창할 수 있는 조건이 마련되었을 때 바로 전통적인 도덕률과 그 도덕률의 바탕을 이루는 전통 종교가 중요한 동력을 제공하는 것이다.

[6] 1980년대 말에 한국의 이혼율은 결혼 11건당 이혼 1건 수준으로 유럽 각국에 비해 매우 낮다는 점을 강조한다.

[7] '글로벌global'이라는 단어는 17세기부터 쓰여졌지만, '글로벌라이즈'는 1962년 《스펙테이터Spectator》지에 처음 등장한다. 당시 이 단어는 사물을 전 지구에 맞게 만드는 활동을 가리켰다. 따라서 '지구화/세계화' 경제란 원래 전 지구의 모든 부분이 단일한 경제의 일부가 되는 추세 또는 상태를 의미한다. 그 정도에 따라 완전한 세계화 또는 부분적 세계화로 구분할 수도 있을 것이다. Peter Temin, "Globalization," *Oxford Review of Economic Policy*, 15:4 (1999), pp. 76~89.

■ 원고 출처

※ 이 책에 실린 글들은 다음의 지면을 통해 처음 발표되었다. 원고 가운데 일부는 제목이나 내용 면에서 대폭 수정과 가필을 거쳤음을 밝힌다.

윌리엄 호스킨스, 풍경의 역사-《역사학연구》 호남사학회, 26호(2006).
로렌스 스톤, 사회사의 지평 넓히기-《서양사연구》 서울대 서양사연구회, 33집(2005).
시어도어 젤딘, 감성의 역사를 찾아서-《역사와 경계》 부산경남사학회, 54호(2005).
로이 포터, 다산성의 미학-《역사와 문화》 문화사학회, 8호(2004).
에릭 홉스봄, 20세기를 돌아보다-《창작과 비평》 99호(1998).

찾아보기

사회사의 유혹 I

나를 사로잡은 역사가들

◉ 2006년 9월 30일 초판 1쇄 발행
◉ 2007년 7월 20일 초판 2쇄 발행
◉ 글쓴이   이영석
◉ 발행인   박혜숙
◉ 편집인   백승종
◉ 책임편집   신상미
◉ 영업   양선미
◉ 제작   변재원
◉ 인쇄   백왕인쇄
◉ 제본   경일제책
◉ 종이   화인페이퍼
◉ 펴낸곳   도서출판 푸른역사
                우 110-040 서울시 종로구 통의동 82
                전화: 02)720 - 8921(편집부) 02)720 - 8920(영업부)
                팩스: 02)720 - 9887
                전자우편: 2007history@naver.com
                등록: 1997년 2월 14일 제13-483호

ⓒ 이영석, 2007

ISBN   89-91510-32-9 03900
        89-91510-31-0 (세트)